# 初中英语课堂教学的 20 个细节

滕家庆 ——— 主编

### 编写人员
（按姓氏首字母拼音顺序）

常万里　李福庆　冒晓飞

滕家庆　周雪晴

南京师范大学出版社
NANJING NORMAL UNIVERSITY PRESS

## 图书在版编目(CIP)数据

初中英语课堂教学的 20 个细节 / 滕家庆主编. —南京：南京师范大学出版社，2016.6
 ISBN 978-7-5651-2524-9

Ⅰ. ①初… Ⅱ. ①滕… Ⅲ. ①英语课－课堂教学－教学法－初中 Ⅳ. ①G633.412

中国版本图书馆 CIP 数据核字(2016)第 011824 号

| | |
|---|---|
| 书　　名 | 初中英语课堂教学的 20 个细节 |
| 主　　编 | 滕家庆 |
| 策　　划 | 姜爱萍　胡金平 |
| 责任编辑 | 王迎春 |
| 出版发行 | 南京师范大学出版社 |
| 地　　址 | 江苏省南京市宁海路 122 号(邮编:210097) |
| 电　　话 | (025)83598919(总编办)　83598412(营销部)　83598297(邮购部) |
| 网　　址 | http://www.njnup.com |
| 电子信箱 | nspzbb@163.com |
| 照　　排 | 南京理工大学印刷照排中心 |
| 印　　刷 | 扬州市文丰印刷制品有限公司 |
| 开　　本 | 787 毫米×960 毫米　1/16 |
| 印　　张 | 15.75 |
| 字　　数 | 227 千 |
| 版　　次 | 2016 年 6 月第 1 版　2016 年 6 月第 1 次印刷 |
| 书　　号 | ISBN 978-7-5651-2524-9 |
| 定　　价 | 40.00 元 |
| 出 版 人 | 彭志斌 |

南京师大版图书若有印装问题请与销售商调换

版权所有　侵犯必究

# 序

教学改革是一盘大棋局,需要改革者有大视野,做好顶层设计。然而,仅有顶层设计而没有实践操作层面对教学细节的关注、把握与研究,改革只能流于形式,坠入空洞,难达预期的效果。

课堂教学细节是课堂活动的外显行为和外部表现,"以生为本""先学后教"新理念固然使人激动,"问题探究""合作学习"新样态的确令人耳目一新,"有效教学""高效课堂"新追求获得了人们的普遍认同。但仅有宏观或中观层面的改革举措和大处着眼的整体布局,而没有见诸微观层面教学细节的小处着手的设计,则同样难有改革的成功。

所谓教学细节,一般有两种理解:一种是作为构成教学行为的最小单位,是教学行为的微观分解,犹如教学过程长链条中的一环节,表现为多样的形式和复杂的结构,形成于特定的教学情景中,具有独立的教学价值和意义。另一种是指教学过程中的关节点和关键点,对教学具有重要的推动和联接作用。本书所指的教学细节,既包含前面广义的理解,同时也涵盖后面较狭义的意涵,尤以后者为重。

教学是一门科学,但同时又是一门艺术。作为一门科学,它要求教学过程完全遵循教学规律运行,按照学生的认知规律设计,整个教学顺序、各个教学步骤之间有其内在的逻辑关联,教学细节的处理体现出科学性;同样,作为一门艺术,又要求教育者具有一定的教学机智、教育智慧,在面临不同教学现场和对象时,需要发挥其高超的教学艺术,细腻地处理一些教学细节。简言之,把握和研究教学细节,对追求教学实践的科学与艺术统一及进一步提高课堂教学质量有很重要的意义。

教学细节是可以从外部进行观察的具体教学行为或教学行为的组合,它看得见、听得到、摸得着,具有外显性和可观察性的特征。它可以是教师的言语、表情、肢体语言,可以是师生之间互动的行为组合,可以是特定情境中学生对教学的一种重要的行为反应,当然也可以是教师对某个关节点处理的方式方法。就此而言,教学细节似乎是一种"技术活",对于教学细节处理的成功与否,体现了教育者的经验多寡和教学技能技巧的水平高低,甚至亦反映出"生手"与"熟手"在具体教学行为方面的重要差异之一。可见,对于教学细节的管理有助于提高教师专业化水平、增强教学的适应性和针对性,提高教学水平,甚至形成教师个人的教学风格。

教学细节是师生内隐的、抽象的思维活动和内在情感的外显化、具体化和操作化,因此,教学细节在体现了教师"教学技术"的高低之外,也折射出教师所秉持的教学理念和拥有的教学智慧。一方面有什么样的教学理念就会有什么样的教学行为,另一方面教学行为在某种程度上亦体现了教学理念。教学细节作为更加微观的教学行为,当然亦体现着一定的价值追求。就此而论,教学细节似乎又不纯粹是"技术",而是教学理念的产物,是透视教师教学理念的"放大镜"。故而通过深度描述和考察教学细节,探究其中的科学与艺术,有利于真正树立正确的教学理念,提升教师的教学智慧,优化教师的教学行为。

教学是有目的、有计划、有组织的过程,因此,作为最小教学行为单位的教学细节一方面是预设的,具有计划性,但另一方面它又是在更为微观视域下的一个互动的动态生成过程,更具生成性。预设性与生成性的统一,构成了教学细节的特质,而生成性细节更反映出教师的教学智慧。苏联著名教育家苏霍姆林斯基说过,教育的技巧并不在于能预见到课堂的所有细节,而是在于根据当时的具体情况,巧妙地在学生不知不觉中做出相应的调整。

这套《课堂教学的20个细节》丛书,其主编及撰稿人均是有着丰富教学经验、充满教育情怀和教学智慧的一线教师。他们对于每个教学细节的剖析、品味、反思,不仅文字读来亲切、真实,引发共鸣,而且还能让人从朴实无华的文字背后感受到作者对课堂教学细节的感悟、反思、改造与重构,体会到作者令人难忘的教学智慧。是为序。

胡金平

(南京师范大学教育科学学院教授,博士生导师)

# 目 录

序 ……………………………………………… 胡金平（ 1 ）
细节 1  关于教学目标 …………………………………（ 1 ）
细节 2  关于语音教学 …………………………………（ 12 ）
细节 3  关于词汇教学 …………………………………（ 21 ）
细节 4  关于语法教学 …………………………………（ 31 ）
细节 5  关于听说教学 …………………………………（ 45 ）
细节 6  关于阅读教学 …………………………………（ 56 ）
细节 7  关于写作教学 …………………………………（ 69 ）
细节 8  关于单元复习课教学 …………………………（ 81 ）
细节 9  关于学习策略 …………………………………（ 94 ）
细节 10  关于情感态度 ………………………………（105）
细节 11  关于文化意识 ………………………………（114）
细节 12  关于新课导入 ………………………………（123）
细节 13  关于活动设计 ………………………………（133）
细节 14  关于巩固操练 ………………………………（143）
细节 15  关于评价反馈 ………………………………（151）

细节 16　关于课堂延伸 …………………………………………（161）

细节 17　关于课堂话语 …………………………………………（171）

细节 18　关于教材使用 …………………………………………（183）

细节 19　关于互动形式 …………………………………………（192）

细节 20　关于课程资源 …………………………………………（202）

附录　　课堂实录及点评 ………………………………………（213）

后记 ………………………………………………………………（246）

# 细节 1
# 关于教学目标

## ▶ 细节阐述 ◀

教学目标设定与否,以及教学目标的设定是否适切,关系到课堂教学设计以及学生学习活动是否有效,关系到教学活动能否持续改进。设定恰当教学目标的意义和作用显而易见,教学目标发挥着导向、控制、激励和评价的功能,能够规范教师清晰地确定教学思路。可以说,设定教学目标是教学的"第一要素"(蒋京丽,2014)。

教学目标是指在教与学活动后,学习者(学生)行为特征的预期变化。这种变化包括知识、技能、行为、态度、情感等方面。它是教学活动的起点与归宿,表现为对学生学习成果及终结行为的具体描述,或对学生在教学活动结束时,其知识技能等方面所发生变化的说明。英语教学目标的实质是英语学习目标,也称为学习行为目标。因此,注重教学目标的优化设计是实现教学优化的重要前提,也是提高学生学习效果的必经之径。如果教学目标不明或者有偏差,教学行为就表现出盲目性和随意性,从而导致教学效率低、教学效果差。然而诸多原因导致英语教师在课堂教学目标设计上存在着误区甚至困惑。其主要表现是:缺乏明确的目标、目标不具体或目标不全面等。

## 一、教学目标具有必要性

美国的课程专家布卢姆曾如是说:"有效的教学始于准确地知道希望达到的目标是什么,教师所期望的学生的变化,便是教学目标。教学目标具体而言,就是用某种特殊方式,描述在教与学双边活动实践后,学生应当能做些什么,或学生应具备哪些特征。"英语学科的教学目标是指通过有目的的英语教与学实践活动,教师期望学生所达到的学习标准或发生的行为变化。设计明确的教学目标是一节课必不可少的一项重要工程。

### ➤ 典型案例 ◄

以下访谈片段记录于某教师执教译林版《英语》八上 Unit 7 语法项目(动词与句型结构)之后。

**笔者**:假设你不上这一节课,你觉得学生能写对这些翻译句子吗?

**周老师**:(愣住)应该可以的吧。(认真看了一遍题目)可以。

**笔者**:那怎么来证明学生听懂了你今天所讲的内容?

**周老师**:我当时也没想那么多。我觉得教会学生句子成分之后,要他们翻译几句练练吧。但现在看来,这几个翻译句子好像确实并不能检测今天所学的内容。

**笔者**:那你今天的教学目标是什么?

**周老师**:我觉得应该是教会学生句子成分吧。至少能认识句子成分。

**笔者**:但那些翻译句子好像并没检测出学生"至少能认识句子成分"。

**周老师**:是的。我觉得我题目设计有问题。

**笔者**:教学设计是出了点问题,它无法检测是否完成了教学目标。周老师,你教案上的教学目标一栏空白?

**周老师**:嗯。我准备公开课上完后再补上去。

**笔者**:哦。今天试讲就可以省略掉教学目标?

**周老师**:(不好意思)觉得蛮麻烦的,还要把教参上的教学目标抄写一遍。我想先把课上好再说。教学目标的事可以往后拖一拖。

◆ 案例反思 ◆

这是发生在笔者和周老师之间的一段真实的课后交流记录。案例背景是：周老师第二天要参加市直的青年教师赛课，请大家一起帮着试听一下，并提出修改建议。笔者觉得案例中描述的关于翻译句子的教学设计是试讲中存在的问题之一。因为它与本节课的教学内容（句型结构与句子成分）毫无关系，它也不应是本节课教学目标的重要构成部分，但周老师似乎并没有意识到这一问题。从以上交流不难发现周老师原本至少持有如下看法：

（1）学生写对了翻译句子就证明学生听懂了教学内容。

（2）翻译句子很好地体现了教学内容。

（3）设计教学目标没上课本身重要，可以往后拖。

（4）填写教学目标是一件麻烦事，可以课后补。

（5）教学目标可以按教参上的版本去抄写。

正因如此，本节课的翻译句子不但没有体现本节课的教学内容，也不能有效地检测教学目标的达成程度。本节课教学设计的最大缺陷应源于授课教师对教学目标不够重视，认为教学目标无非是备课笔记中用来"应付上级检查"的程序性的东西，是教学实践中可有可无的东西，而非教学的"必需品"。

在日常的备课活动中，不少教师疲于应付，漫不经心，没有结合具体学情和教学文本去认真设计教学目标。有些教师只是从网上或教参上直接复制、粘贴或摘抄现成的教学目标。也有一部分教师，其教学目标确实经过了一番思考，但在具体的授课过程中，又离开或脱离所设计的目标，"写的与想的不一样，想的与做的不一样，做的与抄的不一样"。这将直接导致教学目标与教学设计脱节，教学的随意性过大，不利于教学目标的达成。

一般说来，教学目标具有以下三大功能：

### 1. 导向功能

英语教学中的各个环节、各个要素都指向明确具体的目标，对教师的教学活动起着指导作用。教师应以教学目标为导向,把教学目标贯穿于教学实践的全过程,从而有效规范教师的教学行为,以及学生的学习行为,促使师生双方在教学过程中均有方向感,避免传统教学由于教学目标模糊不清所带来的随意性和盲目性。

2. 激励功能

2011年版《义务教育英语课程标准》(以下简称"《课标》")指出,英语课堂应以生为本,因此教师在设计教学目标时,本应站在学生的立场,教学目标实质上也就等同于学习目标。学生带着明确、清晰的学习目标开展学习,既能有效激发学生学习的积极性,也可能激发教师的教学创造力。在师生朝着共同的教学(学习)目标努力的过程中,教与学的灵感往往被点燃,师生可能会收获意想不到的课堂生成。

3. 评价功能

教学目标既为学生学习结果的评价提供了依据,又具有对教师的教学设计与实施效果进行检测的功能。检验教学活动是否实现了预定的教学目标,可以求助于评价反馈,而评价反馈的参与可使教学过程按照预定目标方向有效运转,并能够自我调控和纠正。

## 二、教学目标须具有全面性

一般而言,英语课程具体目标分为"知识与能力"、"过程与方法"与"情感态度与价值观"三个主要维度,即我们通常所称的英语课堂的"三维目标"。三维目标密切联系,相互支撑,从而构成教学目标的有机整体,这对提高学生的语言综合运用能力具有重要作用,同时也为学生全面素质的可持续发展奠定了基础。因此,三维目标是一个完整的课时教学目标必不可少的有机组成部分。具体到某一课时而言,因学习文本特征所致,可能其中某个维度的教学目标更为凸显或稍有弱化,但完全忽视其中任何一维的教学目标的行为都是不可取的,也是不被提倡的。

➤ 典型案例 ◀

以下为四位教师在分别执教译林版《英语》九上 Unit 1 第一课时

Welcome to the unit 时所设计的教学目标。

**教师 A 设计的教学目标为：**

1. 认识 6 个用来表示一个人个性、品格的形容词。

2. 学习使用这些词来谈论一个人的个性和品格。

**教师 B 设计的教学目标为：**

1. 掌握本课出现的重点语言点。

2. 学会用适当的语言描述人的性格特点。

3. 学会简单谈论自己和他人的性格特点及喜欢或不喜欢的职业。

**教师 C 设计的教学目标为：**

1. 学习 creative，curious，energetic，modest，organized，patient 等描述人的个性、品格的形容词。

2. 通过学习课本例句理解上述词汇的意义，并能为形容词写出有效支撑句。

3. 能够使用上述形容词谈论自己和他人的性格。

**教师 D 设计的教学目标为：**

1. 知识与能力目标：进一步学习描述人的性格特征的形容词。

2. 过程与方法目标：学习重点形容词的意义及用法，并会自己造句。

3. 情感态度与价值观目标：鼓励学生能根据个人性格特征选择合适的职业，并尊重他人的职业。

♦ **案例反思** ♦

综观本教学案例中的四个教学目标设计，会发现教师在教学目标全面性上的把握还存在着不同程度、各种各样的偏差。比如：

教师 A 的教学目标最显著的问题在于，它忽视了教材中情感态度与价值观有关内容的渗透。

教师 B 的教学目标中"掌握本课出现的重点语言点"，"适当的语言"等表述过于含糊，三维教学目标逻辑不清、层次不明。

教师 C 设计的教学目标对文本的全面把握不够。因为教学内容不仅涉及个人性格特征，而且探讨了不同性格所适宜的职业选择，所以学生只是"能够使用上述形容词谈论自己和他人的性格"显然不够全面。换言之,教学目标没能把教材本课时中涉及的相关三维目标全部表述完整。这容易造成本课时的教学目标达成不全面,或在某些方面存在缺漏。

教师D的教学设计看似层次清晰,要素完整,但对具体的三维目标内涵的把握有待斟酌。比如,"学习重点形容词的意义及用法"并不完全是过程与方法目标,它与知识与能力目标有部分重合。而情感态度与价值观目标有过于拔高之嫌,因为初中生尚未到"选择合适的职业"的年龄,而"尊重他人的职业"更是无稽之谈,因为文本并没有任何职业尊重或歧视等类似方面的内容与表述。

在第十届全国初中英语课堂教学观摩研讨会中,浙江省杭州外国语学校王佳(2015)执教的一节写作课,按照"五维目标"进行教学设计,在此次研讨会中获一等奖和优胜奖。以下是王佳老师设定的教学目标:

(1)语言知识目标:学生能够运用一般将来时(will do)表达自己想要做的事情,并能理解以下词汇:quiz competition, sailing, cycling, barbecue, island, hiking。

(2)语言技能目标:

① 听说目标:学生能够用英语进行讨论,并将讨论结果向全班报告。

② 读的目标:学生能够读懂、理解投票结果和时间表。

③ 写的目标:在写作之前学生能够在小组内以头脑风暴的形式列出写作提纲,并利用此提纲完成写作。

(3)学习策略目标:学生能够根据主任务的情境提出评价标准;学生能够用写作评价标准监控自己的写作过程;学生能够通过合作学习完成写作任务;学生能够在写作后根据评价标准反思自己的作品。

(4)文化目标:学生能够感受做重大决定时应该听从多数人的意见。

(5)思维目标:学生能够在表达观点和陈述理据时更清晰和更有逻辑性。

## 三、教学目标须具有层次性

教学目标是一个具有层次性的目标体系,从宏观到微观可分为课程、学段、学年、学期、单元和课时教学目标。在这样的目标体系中,单元教学目标值得我们重点关注。单元教学目标具有承上启下的作用,一方面它将各种宏观的教学目标落实到具体情景或是相对独立的学科知识中;另一方面,单元教学目标统领各个课时,需要整体设计,合理规划,才能提高学生单课时的课堂学习效率(唐颖,2014)。

然而,很多教师在教学实践中往往缺乏整体观念,仅仅关注单一课时的学习,无法体会单元目标对于学生学习的重要性,容易将单元教学目标理解为课时教学目标的简单叠加,导致单元教学目标缺失,最后,容易出现内容相关的单元学习目标之间的同质化倾向。

教学目标的层次性意味着单元教学目标绝不是每课时教学目标的叠加,而是单元教学目标分解后形成每一课时目标,由此体现单元教学目标设计的整体性。在日常教学中,有些教师习惯于每课时教授新的语言项目,使教学目标永远停留在语言知识学习的层面,而英语课程的总目标是培养学生的综合语言运用能力。单元整体设计要求通过每一课时目标要求的递进,帮助学生逐渐形成语言综合运用能力。另外,单元教学目标不能形同虚设,要保证单元教学目标的有效达成,其表述是否科学、合理、具体和准确,具有决定性的作用。

### ➤· 典型案例 ·◂

以下为某教师在执教译林版《英语》九上 Unit 2 Colours 时所设计的单元教学目标:

1. 掌握表示不同颜色的词汇,了解彩虹的颜色以及它们的顺序,并能够用英语谈论颜色。

2. 了解不同颜色所代表的含义,认识并理解有关情绪的词汇,并了解颜色和情绪的关系。

3. 学会使用 that, if 或 whether 引导的宾语从句。

4. 了解一位色彩疗法专家的工作,巩固读和听过程中获取的信息,确定事实。

5. 学会陈述某种服饰的优缺点以及颜色的作用。

6. 学会通过寻读文章找到所需信息。

7. 完成一份关于颜色和情绪之间关系的报告。

下表为同一位教师在执教同一单元的各个分课时时所设计的课时教学目标。

| 课时 | 教学目标 |
| --- | --- |
| Welcome to the unit | 1. 掌握表示不同颜色的词汇。2. 了解彩虹的颜色以及它们的顺序。3. 能够用英语谈论颜色。 |
| Reading | 1. 了解不同颜色所代表的含义。2. 认识并理解有关情绪的词汇。3. 了解颜色和情绪的关系。 |
| Grammar | 1. 学会使用 that 引导的宾语从句。2. 学会使用 if 或 whether 引导的宾语从句。 |
| Integrated skills | 1. 了解一则广告的语境和一个电视节目,并从广告印刷品和电视采访中获得信息。2. 了解一位色彩疗法专家的工作,巩固读和听过程中获取的信息,确定事实。3. 学会征求和提供意见并提出建议。4. 学会陈述某种服饰的优缺点以及颜色的作用。 |
| Study skills | 1. 了解寻读法。2. 学会通过寻读文章找到所需信息。 |
| Task | 1. 学会在写作前用表格的形式组织思路。2. 完成一份关于颜色和情绪之间关系的报告。 |

♦ 案例反思 ♦

不难发现,案例中的单元教学目标仅仅是对本单元的各个课时教学目标的简单叠加,且只是在教学目标的数量上做了微调。单元教学目标之间互相独立,几乎无重要联系。本单元的教学话题为"颜色",教师只有抓住"颜色"和"情绪"这两个关键要素,在反复研读教材文本的基础上,深入挖掘教材各个板块之间的内在联系,才能站在单元的高度,设计出融为一体的单元教学目标。

一般情况下,确立单元教学目标可分为以下几个步骤(唐颖,2014):

（1）分析上位目标，了解社会对学习者提出的要求。这可以通过对课程、学段和学期的研究分析得以实现。

（2）充分关注学科知识与真实情景或话题。教师需要首先对学科知识体系了然于胸；然后，在具体的教学实践中找到合适的话题或者情景，综合考量话题或情景与学科知识体系的关系；再者，找到话题或情景与学科知识体系的适当结合点，作为本单元学习的整体背景。

（3）运用好教材提供的学习材料。结合教材所提供的学习材料，比较具有相同、相近话题的单元在不同年级的内容安排，明确所教单元的整体要求。

（4）结合具体情况，不断适当调整。分析学生现有的语言知识基础、学习兴趣、态度和方法等，找准学生的最近发展区，向学生提出更加明确和适当的学习要求。即使是同一单元，同一教学内容，也要根据不同的社会背景要求和学生基础情况，设计不尽相同的单元教学目标。所以说，单元教学目标是动态的、生成性的。

## 四、教学目标须具有规范性

教学目标其英文表达为 Teaching Objective，可以说，教学目标是可以具体观察和测量的。一个完整、具体、明确的教学目标一般包含四个要素：对象、行为、行为条件和表现程度。这四个要素体现了教学目标导学、导教、导测的功能，即从学习者出发，清楚地陈述学习者学习的行为、行为发生的情境和行为达到的标准。

➤• 典型案例 •◄

以下教学设计均选自译林版《英语》九上某教学参考用书：

A. 培养学生思考个人问题及解决问题的方法。

B. 鼓励学生拥有适度的、合理的业余爱好。

C. 阅读一篇关于著名作曲家谭盾的经历和代表作品的文章。

D. 阅读四个犯罪嫌疑人的笔录。

E. 能够猜测出单词的意思。

F. 完成一份调查问卷。

G. 学会表达自己的烦恼和情感。

H. 能够正确地向别人提出建议。

♦ 案例反思 ♦

（1）对象（Audience）：说明学习的主体，解决"由谁来完成行为"的问题。"对象"作为行为主体，是教学目标的承担者，即学生。行为主体可以是学生个体，也可以是学生群体，但不应是教师或教师群体。因此，在设计教学目标时，理应避免案例中教学目标 A、B 的类似表述。因为教学目标"培养学生……"，"鼓励学生……"之行为主体不是学生。

（2）行为（Behavior）：说明在学习后，学习者应能做什么，获得怎样的知识，具备怎样能力，态度会有什么变化，解决"能做什么"的问题。这种学习行为和特征，一般用外显性行为动词加以表述，要尽量避免用"知道"、"理解"、"掌握"、"学会"等含义不容易确切把握的词。换言之，在选择教学目标的动词时，教师必须遵循"具体、清晰、可操作、可测查"的原则，使用不同的行为动词，使学生清楚地知道做什么、怎么做。

案例中教学目标 C、D 的问题在于行为动词的缺失。"阅读"并不是真正的行为，因为这样的教学目标并没有明确学生学习后会达到什么样的行为变化，似乎只是一个教学内容或步骤。而教学目标 G、H 的问题则在于"学会""正确地"等过于随意的描述性用语并不具有可测量与可评价性。教师若不知道课堂教学目标达成效果，教学就会失去针对性，导致课堂效益低下。

（3）条件（Condition）：说明影响学习者学习结果的所规定的限制或范围。这是完成行为的前提，它表示学习者在完成规定行为时所处的情景，即"该在哪种情况下评价学习结果"。

案例中教学目标 E、F 的问题在于完成行为条件情景的缺失。比如，"能够根据上下文猜测出单词的意思"或"能够根据构词法猜测出单词的意思"就提供了更为完整的行为条件。而"独立"、"小组合作"、"在教师指导下"显然为教学目标 F"完成一份调查问卷"补充了行为条件中的"对象"的因素。

（4）程度（Degree）：指学习者达到教学目标的最低表现标准，可以从行为的速度、准确性和质量三个方面来确定,进一步说明行为要达到的水平和程度。除了在行为动词上体现程度的差异外,还可以使用表示范围的词语(全体、大多数、多数)和形容词(程度较好的、程度较弱的)等其他方式体现对不同学生的目标达成度的分层要求。例如:"大多数学生能熟练运用句型……","通过本课交际活动,程度较好的学生能够综合运用上述句型及词汇提出合理、得体的建议;程度较弱的学生能够运用上述句型及词汇简单陈述建议",等等。

**参考文献**

蒋京丽.2014.初中英语教学目标的设计现状和改进建议[J].中学外语教与学(2):37—40.

唐颖.2014.初中英语单元学习目标的确立[J].中小学英语教学与研究(10):16—19,30.

王佳,夏谷鸣,胡跃波.2015.上教版《牛津英语》八年级上册Module 3 Science Fiction Unit 6 Nobody Wins(Ⅰ)[J].中小学外语教学·中学篇(2):1—10.

# 细节 2

# 关于语音教学

> 细节阐述

中小学英语教学始终伴随着语音教学问题的讨论。在实际教学过程中,大多数教师是根据教材的编排和考试的要求决定是否进行语音教学和怎样进行语音教学:教材中安排了语音教学内容,就进行语音教学;考试中有单词辨音考查,就进行单词辨音训练。一段时间里,教材中取消了语音教学板块,各地的中考中也不对其进行考查,于是教师就放弃了语音教学。教师们普遍存在以下误区:学生的语言运用能力与音标关系不大;语境化、活动型的英语课堂无须音标教学;学生容易受汉语拼音、英语字母和音标三种符号系统的相互干扰;音标教学可能增加学生学习英语的负担,给英语学习增加困难,导致学生丧失英语学习兴趣,等等。

而随着英语教学实践的不断推进,中小学英语教学中出现的一些现象却使广大英语教师感到困惑,甚至不知所措,如:学生普遍用汉字给英语单词注音,汉语化的英语单词发音随处可见;初中毕业生从小学三年级起已学了英语六七年,竟然还无法根据音标读出新单词,也不具备根据读音拼写已学词汇的能力;在英语口语测试中,学生在朗读单词、句子和课文时,普遍存在发音不到位,不能正确朗读开音节和闭音节、清辅音和浊辅音,词尾多加语音;等等。这些现象其实正集中反映了英语课堂中语音教学缺失的现状。

基础教育阶段的语音教学目标是培养学生听音、辨音和正确发音的能力。《课标》的语言技能目标明确要求：学生要能在口头表达中做到发音清楚、语调达意；能根据拼读的规律，读出简单的单词；能根据语调和重音理解说话者的意图；能在口语活动中做到语音、语调自然，语气恰当。语音教学内容包括发音和语音、语用，发音教学中包含着音素、字母、单词的发音（鲁子问、王笃勤，2006）。

现在，尽管中考英语很少涉及具体的语音考查内容，但是，大多数初中英语教材中已明确了语音教学板块。广大英语教师也认识到了英语语音教学的重要性。但是，在语音教学过程中，教师需要根据语音教学的规律，结合我国英语教学的实际情况，为发展学生的综合语言运用能力和有利于学生英语学习的后续发展探讨英语语音教学的方法途径。

## 一、把握音标教学的"度"

音标是建立起英语单词发音和拼写之间关系的有效纽带和桥梁。音标教学有利于单词的正确发音，有利于学生形成正确的语音语调，也有利于单词的准确记忆和英语的后续学习。但是，如果在教学过程中，只是孤立呆板地认读、拼写音标，或者是在一个时段内集中教学所有的音标，学生就会觉得学习音标枯燥无味，难度太大，对英语学习也没有多大的帮助。在教学过程中教师要把握好音标教学的"度"。

### ➤• 典型案例 •◄

译林版《英语》初中教材把 48 个音标的学习任务集中分配在了七年级上册 8 个单元里的 Study skills 板块之中。在 Unit 1 里，Study skills 部分要求学生学习 5 个元音字母在开音节单词中的发音。以下是某教师在教学音标/eɪ/，/iː/，/aɪ/，/əʊ/和/juː/时的做法。

T：Boys and girls, how to read these words：cake, face, game, baby, lady?

Ss：（齐读 cake, face, game, baby, lady）

T：Now, please pay attention to these words. Which letter can we find in all these words?

Ss：The letter "a".

T：Great! What else do they have in common? The letter "a" pronounces...

Ss：/eɪ/.

T：Well done! Do you want to pronounce it better? Let's watch the video and try to follow.

Ss：（观看video，模仿口型并跟读）

T：Good! Now let's read and spell these words：cake，face，game，baby，lady.

Ss：（拼读上述单词）

在此基础上，教师再用基本相同的方法讲解、教授其他4个音标(/i：/，/aɪ/，/əʊ/，/ju：/)。

♦ 案例反思 ♦

教学过程中也有与上述案例的执教者做法不同的教师，在教音标的过程中，他们常常是按照发音部位图，给学生讲解清辅音、浊辅音、单元音、双元音、塞擦音、爆破音、唇齿音以及舌位等繁杂的语音知识；然后再反复模仿训练，直至学生口型正确、发音标准；最后再通过听写音标的方法检查学生是否能够拼写音标、拼写是否规范。很显然这种音标教学方法比较机械枯燥，学习过程中学生很难理解"清辅音、浊辅音、单元音、双元音、塞擦音、爆破音、唇齿音"等名词术语，更难记住音标的书写形式。这样的音标教学，会让学生觉得加重了他们的学习负担，由此还容易产生厌学的情绪。由此可见，教师选择合适的音标教学方法至关重要。

1. 将音标教学和单词拼写结合起来

音标的作用是给单词标音，让学生知道单词怎样正确发音，引导学生发现单词发音和拼写的关系，帮助学生借助单词的发音正确拼写单词。教学音标本身不是目的，音标是"拐杖"，为的是学生掌握并能运用单词。当学生掌握了单词的发音规律和拼写之间的关系后，就可以丢掉音标这一"拐杖"了。因此，教学过程中要尽量将音标教学和单词的拼写结合起来，让学生觉得正确的单词读音有助于单词的记忆和拼写，学了音标知识，掌握了单词的发音规律，能够大大降低记忆单词的难度。教学过程中没有必要对学生提出会写音标的要求，更没有必要把音标作为英语考试的内容。否则，就会加重学生学习英语的负担，也容易使学生丧失英语学习的兴趣。

### 2. 注重模仿训练，形成正确发音

研究证明，儿童机械记忆能力远远超过成人。这是因为他们的知识存量还不多，还没有完全形成理解性的思维方式。他们形象记忆的能力强于理解记忆，在对一些识记材料还没有理解的情况下，他们只能根据事物的外部关系，反复进行记忆。另一方面，儿童时期形成的发音习惯也更为根深蒂固，难以改变。在音标起始教学阶段，教师要让学生通过多种形式的模仿训练，形成正确的发音习惯，这样的发音习惯会使学生在以后的英语学习过程中终身受益。

### 3. 利用音标教学，提高整体教学效益

教学效益是指教师通过一段时间的教学后，学生所获得的具体进步和发展。在初中英语教学过程中，教师容易遇到以下情况：一是，学生课前无法预习，面对新单词不会读；二是，课堂上学生很难主动学习，遇到新单词只能被动地跟着老师读；三是，学生单词拼写错误较多。所有这些都明显地影响到了英语教学的整体效益。在英语学习的起始阶段进行音标教学，确实需要占用部分教学时间，甚至会影响教材的教学进度。但是，学生在音标的辅助下，能够克服拼读、记忆单词的困难，具备主动学习、自主学习的能力，同时，能够在学习英语的过程中表现出自然纯正的语音面貌，也一定会提高学习英语的效率，增强学好英语的信心。

## 二、在游戏活动中进行音标教学

初中学生好奇心强、兴趣多样、怕羞感及心理障碍少，他们思想单纯、听觉敏锐、善于辨音和模仿、记忆力较好，他们好动不喜静，形象记忆的能力强于理解记忆。如果把枯燥单调的音标认读、记忆和有趣的

游戏活动结合起来，将有利于激发学生的学习兴趣，也会取得很好的学习效果。

在游戏活动中进行音标教学可以有如下形式。

"认读音标卡片计时赛"：教师出示音标卡片后迅速拿掉卡片，让学生按顺序说出所看见的音标，看谁说得多说得准，用以训练学生听、读音标的能力。

"Listen and circle/Listen and tick"：教师读出或用录音播放音标，学生在若干音标中标注出相关的音标，看谁找得又多又快，用来训练学生的认读能力并强化学生的听力反应。

还可以开展"拼音标写数词"，"拼音标画简笔图"，"拼音标涂颜色"等拼读游戏，用以提高学生的拼读能力。

教学实践表明，诸如上述游戏很受学生欢迎，也明显有利于促进学生的音标学习。为了更好地发挥游戏在音标教学过程中的作用，教师在游戏活动中进行音标教学时需要注意以下几个方面。

1. 游戏活动要为音标教学服务

游戏受学生欢迎，但我们的教学目的不是开展游戏活动。音标教学过程中，我们常常发现热闹的游戏活动远离音标教学的情况。例如，教师要求学生开展竞赛，要求学生在一堆音标卡片中找到自己会读的音标，看谁找得最多。游戏过程中学生争先恐后，尽量多地拿到了音标卡片。但是，由于教师没有要求朗读卡片上的音标，学生尽管拿到了卡片，事实上，这样的游戏并没有促进学生的音标学习。

2. 不同的游戏形式需要交叉进行

无论多么有趣的游戏，如果一成不变、总是在重复，学生也会感到乏味。在综合训练音标发音和音标运用能力时，各种各样的游戏可以交叉进行，尽最大可能给予学生新鲜感，调动他们参与游戏的积极性，这样才能取得更为明显的音标学习效果。

3. 游戏活动需要符合不同年级学生的身心特征

总体规律是学生年龄愈小愈喜欢体态活动丰富的游戏。随着学生年龄的增长教师需要设计一些有思维含量的游戏，让学生在游戏和思考过程中学习音标，获得更为长久牢固的成功感。

### 三、把音标和字母、汉语拼音结合起来

　　汉语拼音和国际音标有着各自的分类，其中也有一些可以类比的关系。例如，汉语拼音共有 47 个，国际音标共有 48 个；汉语拼音有 23 个声母，国际音标中有几乎与此完全对应的辅音，共 28 个；汉语拼音有 24 个韵母，国际音标中也有与之对应的 20 个元音；汉语拼音中有单韵母和复韵母之分，国际音标中也有单元音和双元音之别。

　　汉语是我们的母语，初中学生的汉语能力远远强于英语。在学生掌握了 26 个英文字母后，教师可以带领学生挖掘国际音标和汉语拼音之间的关系。例如：要求学生找出和汉语拼音字形、读音几乎一样的英文字母。学生就会找出英语中辅音/b/, /p/, /m/, /f/, /d/, /t/, /l/, /n/, /g/, /k/, /h/, /z/, /s/等读音与汉语拼音中的 b, p, m, f, d, t, l, n, g, k, h, z, s 很相似，字形也几乎完全一样。

　　在音标学习过程中，强化国际音标、英语 26 个字母和汉语拼音之间的对比，同时注意它们之间的区别，就会有效发挥"正迁移"的积极作用，克服"负迁移"的负面影响，降低学生学习国际音标的难度。

　　教师在音标教学过程中，需要厘清音标和字母及单词之间的关系。26 个字母在单词中的读音叫音素，英语里有 48 个音素，每一个音素都有一个相对应的音标。其实我们学习的音标就是上述 48 个音素的书面符号。26 个字母可以组成所有的英语单词，48 个音素可以给所有的英语单词标注读音。例如，book 这一单词由 b, o, o, k 四个字母组成，但只有 b-oo-k 三个音素，用音标表示即/bʊk/。换言之，26 个英语字母都有自己的字母名称音和在单词中的读音，字母名称音在任何情况下都不会变，而字母（或字母组合）在单词中的读音会有所变化，但是，大多数情况下，这些变化是有规律可循的。教学过程中把音标教学和字母、单词结合起来，有利于学生掌握单词拼读的规律。

　　在学英语的起始阶段，不断给学生渗透字母名称音和在单词中的读音之间的区别和联系，能够更有利于学生掌握英语单词内在的音形规律。例如，在教 5 个元音字母时，告诉学生它们在单词中什么情况下读字母名称音，在什么情况下不读字母名称音，并在此过程中辅以大量

的单词为例。又如，教师在教含有字母组合的单词时，强化字母组合在单词中的发音，并用音标将其显著地标注出来。这样的教学有助于学生学习音标，同时也有利于学生掌握英语的拼读、拼写规律，有效降低记忆英语单词的难度。

## 四、语音教学和语言运用相结合

把音标和单词、句子及语篇的表意结合起来，强化声音的表意作用，学生学起来会更感兴趣，也会收到更好的学习效果。学生在朗读句子和故事的过程中，不但有效训练了所学元音的发音，还会在理解句子表意的过程中体会到，音标学习很有意思，并不枯燥无味。

除此之外，还可以在教学音标的同时，进一步强调句子重音和语调等在表意中的作用。例如，在教元音字母 a 在重读开音节和闭音节中的读音时，可以以"The girl's face looks like an apple."为例。这句话是对女孩苹果似脸蛋的描写，句中同时含有元音字母 a 在重读开音节和闭音节中的读音。在句子朗读过程中，还可以告诉学生，如果重读 face，强调的是女孩的脸像苹果，而不是手或其他部位像苹果；如果重读 apple，则强调的是女孩的脸像苹果，而不是像橘子或其他水果。这样，既有效地训练了音标的发音，也强化了语音的表意作用。

### ▶ 典型案例 ◀

教师在几个元音教学后设计了以下活动：

Ⅰ. 朗读下列句子，注意单词画线部分的发音

May is making a cake for the painter waiting in the rain.
Mike is flying my kite high in the sky and he is tired.
Moira is enjoying her toys with a boy.
Tony is going home with a bowl after boating.
Flower turns around with a towel in her mouth.

Ⅱ. 用所给的单词造句并大声朗读

(play, say, great, lake)
They say they are playing on the Great Lake.

(l<u>igh</u>t, r<u>i</u>de, b<u>i</u>ke, br<u>igh</u>t)

Simon is riding a bike with a bright light.

(b<u>oy</u>, t<u>oi</u>let, t<u>oy</u>)

He put the toy boy in the toilet.

(c<u>oa</u>t, yell<u>ow</u>, n<u>o</u>)

He has no yellow coats.

(bl<u>ou</u>se, cl<u>ou</u>dy, br<u>ow</u>n)

She got a brown blouse on a cloudy morning.

**Ⅲ. 朗读下面的小故事,注意单词画线部分的读音**

There are a lot of animals in the forest. A rabbit and a b<u>ear</u> are good friends. The rabbit with long <u>ear</u>s h<u>ear</u>s that Chinese New Y<u>ear</u> is getting n<u>ear</u>. The b<u>ear</u> with long h<u>air</u> w<u>ear</u>s a white T-shirt. Now she's putting on the socks on the ch<u>air</u>. They want to visit Alabama's farm by b<u>oa</u>t. They need to take the warm c<u>oa</u>t and the warm b<u>ow</u>l with them, because they kn<u>ow</u> it's c<u>o</u>ld there. Now they are sleeping. They're s<u>ure</u> the coming t<u>our</u> to Alabama's farm will be wonderful.

◆ **案例反思** ◆

对于我国学生来说,英语是外语,大多数学生不具备英语语用环境。外语学习与母语学习不一样,多数情况下,如果仅仅依赖自然习得还较为困难,在英语教学的过程中,教师还需要努力使用一些辅助手段,以提高英语教学的效率。语音是建立起英语单词发音和拼写之间关系的有效纽带和桥梁,英语初学者需要借助语音的辅助。语音教学有利于单词的正确发音,单词的准确记忆,也有利于正确理解他人表达的意思和准确表达自己的意思。以下是综合上述语音教学研究和实践而得出的一些基本教学原则:

(1) 把语音教学融入有意义、带语言情境的语言练习和任务性的语言训练中去,在实践中边学边用。这样的语音学习,目标清楚,表意有趣,能达到学以致用的目的,也能够不断激发学生学好语音的兴趣。

（2）避免过分对单个的音素进行孤立的操练。把单个的音素学习和连读、话语重音、节奏、语调等结合起来，让语音最大限度地和表意结合在一起。

（3）提高学生对语音和话语规则的认识，培养他们自主学习的能力。单纯靠听和模仿培养出来的学生，有较强的依赖性，一旦离开了学校和老师就会不知所从，而理解了语音规则并熟悉规则在不同的语言、文化、交际场合下的变化的学生，则能举一反三，活学活用，不断提高学习能力。

（4）注意情感因素在语音教学中的重要性，使学生在一个轻松愉快、没有压力、互相关心、互相帮助的语言环境中学习语音；在语音教学的同时，也开发、培养学生的自我理解、学习动力、自信心和合作能力。

**参考文献**

鲁子问,王笃勤.2006.新编英语教学论[M].上海：华东师范大学出版社.

## 细节 3

# 关于词汇教学

### ▶ 细节阐述 ◀

词汇教学应该坚持词不离句、句不离文的原则。把词汇放在典型的语境之中讲解,既有利于学生在英语语言实践中感知、认识和正确运用所学词汇,又有利于学生更多地接触目标语,有利于促进学生形成英语思维习惯。事实上,依托语境进行词汇教学也已成为初中英语教师的共识。然而,在当今的英语词汇教学中,教师对语境的理解和运用还存在诸多问题,如:创设的语境与主题关联性差;一节课中的语境杂而乱,缺乏主题语境的统一;对学生分析并运用语境学习词汇的策略缺乏相应的指导等。

创设词汇教学的语境应考虑如下四个原则:第一,相关性。语境的设计必须和目标词汇关联性强,注重情境与当堂课所教内容和活动主题的契合度,学生的语言实践活动应与所学知识有直接联系。第二,适度性。在词汇教学中,教师提供的语境不充分,不利于学生的理解和学习;但语境过于繁琐、杂乱或重复,语境的有效利用率则会降低。第三,阐释性。语境是用来解释、说明和规范词汇及其用法的。词汇所处的语境需能提示、解释或补偿词汇本身的意义、用法及使用背景。第四,真实性。英语课堂上所创设的语境应是社会交际中出现的相对完整、真实的情境,学生能够在其中接触、体验、理解和学习语言,他们也能更好地理解并掌握语言的形式、意义及用法(程晓堂,2010)。

语境的一个重要呈现形式是语篇。在语篇中培养学生学习英语词汇的能力是一种值得尝试的词汇教学途径，也是课程标准的内在要求。另外，词汇教学还需考虑活动设计的合理性、多样性与实效性。

## 一、在主题化的语境中开展词汇教学

### ➤ 典型案例 ➤

以下是某教师执教译林版《牛津初中英语》7B Unit 4 Amazing things 词汇板块的部分课堂教学片段实录。本课的话题是"How do you feel about it?"。本课学习的核心内容为表示喜好程度的 be crazy about，love，be fond of，like，dislike，hate 等词汇。

Ⅰ．呈现核心词汇

首先，教师通过课件呈现"小动物"、"星期天"、"音乐"和"红苹果"四张图片，引出"① I **am crazy about** small animals. ② I **love** Sundays. ③ I **am fond of** music. ④ I **like** red apples.", 句中黑体字部分在课件上用亮黄色标记。授课教师在上面四句后分别呈现三、两、一个笑脸符号☺和一个中性表情符号😐。然后，采取类似的方法呈现"⑤ I **dislike** playing basketball. ⑥ I **hate** summer."两句，并在句末呈现一、两个沮丧表情符号☹。最后，教师在同一张课件上集中呈现上述六个核心词块及其汉语解释，以及对应的表情符号。

Ⅱ．操练所学词汇

操练一：教师再次集中呈现上一环节的六张图片（"小动物"等），提供功能句型，让学生自主操练核心词汇：

A: How do you feel about ...?　　B: I ... it.

操练二：教师采用图片、flash、表情符号等媒介在段落单位的语境中操练核心词汇。如：Max is a member of the Swimming Club. He _____ swimming. He practises swimming every day. 在本环节，授课教师共提供 6 个两句话以上的段落，内容涉及业余爱好、一日三餐、家庭作业、早操、学校旅行等话题。

Ⅲ．活动与展示

授课教师通过图片提供 *Weather Report*，*Lucky 52*，*Outlook English*，*Cartoon City*，*Animal World*，*Cooking* 等6个电视节目。

活动一：在小组内调查同伴最喜欢和最不喜欢的电视节目，并说明原因。教师提供功能句：How do you feel about...? What/How about...? I am crazy about/hate it because...等等。在学生作出调查之后，教师选出3个小组，以如下模式进行口头汇报：We are all crazy about...，because... But we hate...，because...

活动二：听并说"How does Millie feel about them?"。

学生通过听力材料完成表格，填写 Millie 对6个电视节目的喜爱程度。然后学生展示 Millie's likes and dislikes。

◆ 案例反思 ◆

在本案例中，授课教师通过图片、PPT 等教学辅助媒体，使学生能够在生动形象的语境中接触、学习并运用词汇。但不足之处在于：授课教师虽注意到了依托语境进行词汇教学，但所提供的语境多而杂，缺乏核心语境的统一，词汇教学变成了不断切换幻灯片图片的课堂。

例如，在目标词汇呈现和操练环节，授课教师提供了如下图片语境：small animals, Sundays, music, red apples, playing basketball, summer, playing football, swim, having lunch, doing morning exercise 等。上述话题多与学生的日常学习和生活有关，与本单元的主题语境 Amazing things 关联性差。另外，语境的设计不够精致，有相似语境重复出现之嫌，如 playing basketball 和 playing football 两者选一即可。

本节词汇课是该单元的第四课时，在前面的学习过程中，无论是 Welcome to the unit 还是 Reading，以及本单元后面部分的许多语料，都紧紧围绕 amazing things 展开。如上文所述，本案例中所创设的语境虽多为学生所熟知，最大程度上为其语言运用扫除了障碍；但若从单元的高度去看待本课的语料选择，授课教师在某层面上欠缺一些对教材的整合和充分开发利用之能力。

仅以案例中"活动与展示"环节的电视节目为例，授课教师不妨紧紧围绕 Animal World 做些设计改进。本单元涉及的 amazing things 多数与动物有关,授课教师若能对本单元出现的与 amazing animals 相关的词汇进行整理,让学生讨论、调查、表达自己的喜爱程度,将会更有利于帮助学生站在单元的高度,着眼于模块的主题,以更整体化、更板块化的方式理解教材、增长知识、提升能力。

要达到在单元主题语境中教授词汇这一目的,授课教师应围绕某一个或几个核心元素,从单元教学和阶段总体教学目标的高度进行有效的教学设计。比如,本案例中的"活动与展示"环节还可通过整合本单元中出现的多个 amazing things,精心设计 Amazing Park 这一主题语境,并组织调查、讨论、代表汇报等小组活动,从而促进学生英语综合能力的提升和小组合作精神的培养。

Task 1:There are all kinds of amazing things living in the Amazing Park. How do you feel about them? Why?

Task 2:Make a survey to find out which amazing things you are crazy about or hate badly in your group, and then give the whole class a report about your survey.

Task 3:Listen to the dialogue between Millie and her Geography teacher, and fill in the table below.

| Amazing things | fish | elephants | dodos | dinosaurs | giraffes | ants |
| --- | --- | --- | --- | --- | --- | --- |
| Millie's feeling | likes | | | is fond of | | |

## 二、在语境化的语篇中开展词汇教学

一方面,词汇教学的有效展开离不开切实的主题语境,教师要在教材单元的高度进行备课与教学设计;另一方面,词汇教学又不是纯粹的单词教学,教师在设计词汇教学时,也应尽量做到站在语篇的高度,因为语篇可以提供更真实而完整的语境,也更有利于培养学生的综合语言运用能力,而不仅仅是词汇学习的能力。

▶• 典型案例 •◀

以下教学片段分别是教师 A、教师 B 在一次市级赛课活动中的教学设计。本次赛课的教学内容为译林版《牛津初中英语》8A Unit 5 词汇板块：否定前缀 dis-，im-，in-，un-，ir-等。教师 A 在按部就班地教授了否定前缀的基础知识之后，直接使用了教材中的题目对学生的学习效果进行检测。

> B. Fill in the blanks with the suitable words in Part A.
> 1. Zhalong is a nature area. It is _____ to hunt or fish there.
> 2. When you go birdwatching, you sometimes have to walk a long way. If you wear new leather shoes, they can be _____.
> 3. If you are interested in birds, you can go to Zhalong. But if you leave litter there, you will be _____.
> 4. There are not many red-crowned cranes in the world. They are _____.
> 5. If we do not protect the wetlands, it will be _____ to see these birds in the future.

（参考答案：unwelcome, uncomfortable, impolite, uncommon, impossible）

教师 B 则是紧紧围绕着本单元的主题语境"自然保护区"以及"观鸟"进行教学设计，并根据教学实际需要对教材进行了适度开发，使学生得以在语境化的语篇中进行目标词汇的学习和运用。

> **I am leaving for Zhalong!**
>
> ❖ "Zhalong is a nature reserve in Jiangsu. There is nothing special there." a d_____ boy said. But I badly want to go birdwatching in Zhalong. If I can't go there, I will feel very u_____. I really hope to see the _____ (common) red-crowned cranes!
>
> ❖ I dream of walking there! But Zhalong is so far from here, so I am _____ (able) to walk there in 2 days from my hometown. Walking there is _____（可能的）. And it will be _____ (comfortable) to take a long bus trip, so I decide to fly there to enjoy my special days!
>
> ❖ I see the birds! They live happily there. But their living space is getting smaller and smaller. It is _____ (unnecessary) to protect the wetlands! If we are still _____ (friend) to the wildlife, we will lose our best friends in the near future!

（参考答案：dishonest, unhappy, uncommon, unable, impossible, uncomfortable, necessary, unfriendly）

◆ **案例反思** ◆

教师不仅是教材的使用者,更应是教材的开发者。这并不意味着教师一定要参与教材的编写,事实上很少有教师有机会参与教材编写。其实,任何根据教学实际需要的扩充、扩展、取舍、调整,都属于对教材开发所做的实践。具有同课异构性质的赛课活动不仅是对授课教师课堂教学能力的考查,更是对其基于教材的研读、开发与整合等诸多方面能力的考验。

在本案例中,教师 A 对教材原题的做法是直接拿来使用,无疑暴露了授课教师"唯教材马首是瞻"以及"为教教材而教教材"的教学理念与态度,说明该教师对教材素材深刻解读以及灵活运用的能力要相对缺乏。严格地讲,教材 5 道题目中的句子(1)、(3)、(4)、(5)均能围绕"自然保护区"这一主题语境展开,但句(2)的中心落在了 new leather shoes 上,虽然句子中呈现了相关语境 go birdwatching,但仍有偏移主题语境、"为设计而设计"之嫌。

教师 B 在处理这一教材素材时,果断地把句(2)舍去,在充分利用教材佳句的同时,设计了更为语境化的短小语篇。教师 B 的教学设计有如下优点:第一,把词汇教学放在语境的维度和语篇的高度进行处理,与单独的句子相比,语篇更能提供较为真实而完整的大语境。第二,语篇不仅有效地涵盖了教材旨在考查的核心词汇,而且有效地整合了学生以前学过的词汇,自然而流畅地将新旧知识融为一体。第三,故事的介入丰富了教学内容,词汇教学不再是孤零零的单词和短语的学习,语篇为其赋予了新鲜的血肉,词汇学习的语境更加立体化。

值得一提的是,教师 B 在课堂的词汇巩固环节,也设计了一个精彩的语篇,获得了评委老师的一致认可,学生也踊跃参与其中,课堂反应较好。

> **Boy, listen to me carefully!**
>
> Boy, listen to me carefully! I, Miss Bird, am dying. It is _____(不可能的) for me to live a long time, but I have something to say.
>
> I once lived in Zhalong happily with my brother. We sang. We danced. It was _____ (necessary) for us to worry about anything, because we were _____(不普通的,不寻常的)! But what happened to us showed that it was _____(不正确的) to think everybody is friendly.
>
> Last weekend, the sky was blue. My brother and I enjoyed ourselves by the river as usual. Suddenly, I heard a scream! I couldn't believe my eyes! You hit my brother's wings with a stone! _____(你多么不友好也不受欢迎啊)! Later that day, My brother died! I cried and cried! I was _____ (able) to fly any more—I was too sad!
>
> I think life may be _____ (important) for me now. I am dying of sadness. You hurt not only our birds, but also you human beings! "One world, one dream", you are singing. But I wonder whether _____ _____(是你不诚实,还是我错了).

（参考答案：impossible, unnecessary, uncommon, incorrect, How unfriendly and unwelcome you are, unable, unimportant, you are dishonest or I am wrong）

教师B设计的这个语篇以故事为载体把主题语境功能发挥得淋漓尽致。它不仅在语境中很好地考查了学生的知识和能力,还从一个临死的鸟的视角重新审视了人类对环境的破坏,从而呼吁大家要热爱大自然,保护野生生物。单从这个意义上讲,一个个单独的句子堆积起来不一定能产生如此效果,也即语篇＞句子＋句子＋句子……

## 三、在探究性的活动中开展词汇教学

活动设计如同语境和语篇一样重要,它在词汇教学中扮演了不可或缺的角色。精心设计的教学活动可以激发学生的学习兴趣,提高学生的课堂参与度,促使学生要学、乐学。更重要的是,在各种各样的活动中开展词汇教学,能够加深学生对词汇意义及其用法的认识,提高教学实效。

▶ 典型案例 ◀

仍以表示喜好程度的词汇的教学为例,某授课教师采用"观察—探索—巩固—运用"的词汇教学途径,按照下面的思路设计了 be crazy about 词块的教学活动。

**Step 1:观察下列例句,探索发现 be crazy about 的意义和用法**

1. Simon is crazy about football. When he cannot find a ball, he kicks a stone or a can.

2. Frank seems to be crazy about you! He always draws pictures of you in class!

3. Mary is crazy about dancing. She dances whenever she hears music.

**Step 2:通过观察例句,学生得出结论**

be crazy about 的意义为:to like someone very much or be very interested in something,其用法为:be crazy about 后可跟 n. / pron. / doing 等。

**Step 3:巩固练习**

1. Simon is crazy about _____ basketball. He practises it even when it rains.

　A. /　　　　B. to play　　C. playing　　D. A and C

2. The fans _____(are crazy about, are fond of) Jay Chou. They all scream excitedly when he comes on the stage.

3. The girl _____(痴迷;着迷) Xiao Shenyang. She watches his shows on video again and again.

(参考答案:1. D　2. are crazy about　3. is crazy about)

**Step 4:组内活动——用 be crazy about 自编会话并表演**

在此环节中,教师先板书"Simon is crazy about football. When he cannot find a ball, he kicks a stone or a can.",然后指导学生编写对话时如何为 be crazy about 创设合适的语境。在教师的指导下,各小组热烈讨论,课堂上生成了许多切实的语境和精彩的句子,教师一边评

价,一边把关键词板书出来,供学生复述:

Alice is crazy about music. When she sleeps, she dreams about singing.

Ben is crazy about eating. When he has nothing to eat, he even eats his fingers.

The boy is crazy about computer games. He can play them for a whole day without sleeping or eating.

My brother is crazy about "stealing vegetables" online. He spends most of his free time on it.

The bird seems to be crazy about himself. He always watches himself by the river from morning to evening.

**Step 5:中考衔接**

根据中考真题中的翻译句子"自从观看了刘谦的表演之后,孩子们对魔术着了迷"(2009 扬州市中考),教师设计了如下问题:

1. 根据对句子的分析,你认为"着了迷"一词应译为_____ (be crazy about, be fond of, love)。

2. 用英语续写几句话,表达孩子们对魔术的着迷。

3. 让同伴阅读你续写的句子,看它们能否恰当地表达"着了迷";若不能,请他(她)帮助进一步改进。

◆ **案例反思** ◆

本案例可启发教师做如下几点思考:

首先,在探究性的活动中开展词汇教学不仅体现了"以生为本"的教学理念,而且它更有助于优化教学效果,尽管活动实践也许会比直接讲解多花时间。在本教学案例中,学生通过观察语境中的语言现象,能够自主探索发现词汇的词法和意义,探究效果比教师直接告知要好得多。其主要原因为:学生从众多例句中探究出词汇的各种意义及用法的同时,观察分析了这些例句从不同层面呈现出的目标词汇所依托的典型语境,而这些典型语境作为学生学习词汇的附带习得,成为学生以后运用词汇时的语境"参照物",能帮助学生正确地使用目标词汇。

其次,在开展词汇教学时,授课教师需加强词汇学习策略的指导。目标词汇的呈现、操练、巩固及运用都离不开其所处的语境,词汇教学的重点不是向学生灌输词汇的众多释义和用法,而是帮助学生学会分析词汇所依托的具体的语境。教师要创设各种语境,在语用活动的过程中,呈现、巩固、运用并检测词汇学习效果,同时,还要特别注意在语言活动的过程中,帮助学生养成有效的词汇学习策略,尤其是辨别、分析、运用语境的学习策略,并将这样的词汇学习策略运用到词汇学习的过程之中,提高总体语言学习的能力。之所以有学生经常诉苦"单词背了也不会用",这和以死记硬背为主要学习策略的学习习惯不无关系。在本教学案例中,无论是自编对话,还是对中考真题的开发使用,授课教师都能做到示范并高度重视对语境的分析和鉴别。尤其是最后一个教学步骤,学生让同伴阅读自己续写的句子,看它们能否恰当地表达"着了迷",或对不佳语境提供改进建议,活动不仅提高了学生的学习积极性,而且有助于他们形成良好的词汇学习策略。

最后,词汇教学离不开教师精心设计的巩固练习,以促进学生对所学词汇产生"认知深度"。陈则航和王蔷(2010)指出,仅"见"不练是低效的,教师应根据教学内容、学生特点和教学经验,从多个角度设计不同的词汇练习,引领学生对词汇进行深度加工,从而使词汇尽快纳入学生的语言体系。依托语境进行词汇教学,尤其需要加强词汇应用层面的练习设计,如会话、英汉互译、补全句子或半开放式写作等。需要指出的是,词汇练习不是也不应只是"练习题"。教师在培养学生能力方面可设计多种有趣的活动,例如演讲、小组活动、探究活动、自编练习或试卷、辩论、社会实践和调查、师生活动以及互联网的使用等,来促使学生主体积极、广泛地参与。

**参考文献**

陈则航,王蔷.2010.以主题意义为核心的词汇教学探究[J].中小学外语教学·中学篇(3):20—25.

程晓堂.2010.论英语教师课堂话语的真实性[J].课程·教材·教法(5):54—59.

# 细节 4

# 关于语法教学

## ➤ 细节阐述 ◄

广大教师都已意识到了,学习语法有助于培养学生正确理解英语和准确运用英语的能力,只有掌握了足够的语法知识,才能提高语言输出的质量。义务教育阶段英语课程的总目标是:通过英语学习使学生形成初步的综合语言运用能力,促进心智发展,提高综合人文素养。综合语言运用能力的形成建立在语言技能、语言知识、情感态度、学习策略和文化意识等方面整体发展的基础之上。语言技能和语言知识是综合语言运用能力的基础,语言知识是发展语言技能的重要基础,而学生在义务教育阶段应该学习和掌握的英语语言基础知识包括语音、词汇、语法以及用于表达常见话题和功能的语言形式等(教育部,2012)。语法教学不仅是外语学习者语言能力发展的有力促进者,也是促进学生思维和智能发展的有效途径;要实现英语课程的工具性和人文性目标,语法教学的重要价值绝不能忽视(陈力,2013)。

传统的语法教学以讲授语法规则、操练句式和句型以及翻译练习为主,其局限性在于:过于强调语法作为规则的作用,忽视语言使用的具体环境和目的,忽视语法本身的表意功能(程晓堂,2013)。近年来,越来越多的教师都有了在语境中进行语法教学的意识,但是在实际教学中,许多教师仍然沿用传统的语法教学方法,平时对语法教学投入了大量的时间和精力,但是教学效果不理想。

如何在日常英语教学中,提高语法教学的实效性?需要广大英语教师加强对语法教学的深入研究和探索。

## 一、归纳与演绎

归纳和演绎是常用的两种语法教学模式。在归纳法教学中,学生首先接触包含语法规则的范例,教师引导学生从例句中发现相关语法规则,接着,教师对语法规则进行描述和总结,随后进行练习。在演绎法教学中,教师先直接介绍和讲解语法规则,再举例进一步说明,然后学生利用语法规则进行练习。

归纳法和演绎法各有利弊。归纳法有利于激发学生的参与,有助于培养学生的语感以及发现问题、解决问题、归纳总结的能力。但是,这种方式对教师的要求较高,并且耗时费力。演绎法便于教师直截了当、清楚准确地讲解语法规则,便于学生理解,省时省力,比较适合成人学习者。但在这种模式中,教师讲解多,学生参与少,课堂沉闷。

➤• 典型案例 •◄

以下是两位教师在执教译林版《英语》九上 Unit 8 语法时的做法。本课的语法是由关系代词 which, that, who 引导的定语从句。

教师 A:

1. 教师讲述定语从句、先行词、关系代词、关系副词等概念。学生记笔记。

2. 教师以 PPT 形式呈现例句,让学生判断定语从句。

3. 教师讲授关系代词和关系副词的用法,呈现不同关系代词和关系副词引导的定语从句的例句。(学生在整个过程中就是听,看屏幕上的例句,记笔记,因为屏幕很快闪过,学生来不及记笔记就干脆不再记了)

4. 教师发定语从句的练习,学生做练习。

5. 下课铃响了,师生对答案。(做得慢的学生有的把答案记下来,记不下来的直接不听)

教师 B：

**步骤一：导入**

教师播放两首不同风格的、学生比较熟悉的歌曲，然后问：What do you think of the first song? And what do you think of the second one?

学生的答案：I think the first song is peaceful/beautiful...；I think the second one is exciting/interesting...

教师接着追问：Which one do you prefer/like better?

第一个学生简单回答：The first/second one.

教师：That's to say, you like the peaceful/exciting song. You like the song that is peaceful/exciting.

教师板书：the peaceful/exciting song

I like the song that/which is peaceful/exciting.

教师用 PPT 出示一些图片，引导学生根据图片回答问题（学生的回答不一定是定语从句），教师肯定学生的回答并引导学生说出如下的句子，同时板书：

I like the boys who/that are handsome/cool/lovely.

We like the film which/that is horrible/exciting/scaring/romantic.

**步骤二：观察、发现、讨论、归纳**

教师引导学生观察、发现、讨论黑板上画线部分的作用，学生归纳：定语、定语从句。在此基础上，教师引导学生根据下列标注归纳出定语从句、先行词、关系代词等概念，以及由 that，which，who 等关系代词引导的限制性定语从句的结构：

先行词（名词/代词）＋关系代词（who/which/that）＋ 句子

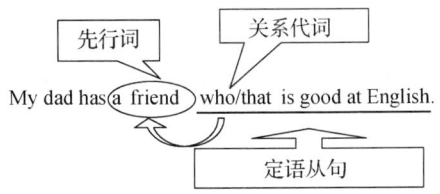

**步骤三：巩固**

学生完成教材中相应练习（判断定语从句）。

**步骤四：观察、发现、讨论、归纳**

教师引导学生再次读板书的句子，看看句子中的关系代词分别指代什么，并归纳出教材 Part B 的内容：关系代词 who/which/that 的用法。

**步骤五：巩固**

学生完成教材 Part B1、Part B2、Part B3 的练习；教师巡视、解答学生疑难问题；其中，Part B2 有难度，不少学生直接用关系代词把两句话连接起来，教师利用学生的答案，引导学生发现错误：关系代词在定语从句中已经是主语或者宾语，从句中就不能再有主语或者宾语。

**步骤六：运用**

教师要求学生介绍朋友或者学校，要求至少用 3 句定语从句。

◆ **案例反思** ◆

显然，上述案例中的第一位教师使用的是演绎法。在实际教学过程中，很多语法课中教师的做法都与第一位教师相似：教师讲学生听，从讲解语法结构到做题巩固，过于注重结构和结果，忽略语用功能和交际功能。学生始终处于被动、依赖的状态，课堂沉闷。语法教学的过程是一个发现语言规则与运用语言规则的往复过程，也是一个实践—理论—实践的往复过程。语言的认知过程是从感性上升到理性再回到实践，在现实环境中运用的过程。语法教学如果只是语法规则的教学，在教学过程中脱离语言环境，学生就容易失去学习兴趣，同时，学生的脑神经也会因为得不到足够的刺激而陷入被动和惰性的状态中，教师的教学效果也会受到影响。

另外，案例中的第一位教师对定语从句的教学已经远远超出了《课标》五级语法知识目标的要求。《课标》对定语从句的要求是：能辨认出由 that, which, who 引导的限制性定语从句，并能理解句子意思。在平时的语法教学中，不少教师喜欢把大量的语法知识一股脑儿传授给学生，增加初中学生的学习负担，导致学生厌倦英语学习。语法学习不要指望一步到位,要在语境中逐渐渗透,通过在语言活动中的不断循环反复,让学生逐步掌握语言规则,提高语言运用能力。例如,译林版《英语》初中教材从九年级开始渗透定语从句,到了高中阶段,还有三个单元专门对定语从句进行讲解。教师对于语法现象的讲解不能急于求成。

案例中第二位教师用的是归纳法:首先,引导学生通过观察、发现、讨论、比较来归纳语言规则,并初步感知语言规则的运用;然后,充分利用教材中设计较为真实的语言活动进行巩固练习,并在练习中发现问题,点拨难点,引导学生自我纠错;最后,让学生通过做事来运用该语言规则,让学生在成功的喜悦中掌握由关系代词 which, that, who 引导的限制性定语从句的基本用法和结构。这样的教学活动,既实现了本节课的教学目标,也符合《课标》对定语从句的要求。整节课,学生积极主动地参与整个教学过程,不仅掌握了语言知识,而且学会了语言的实际运用。

在开展语法教学时,教师要考虑学生的年龄特点和认知规律。在初中英语语法教学中,提倡使用归纳法或者归纳法和演绎法兼而用之,恰当结合。一般来说,在进行语法教学时,常规的教学模式是:观察—发现—讨论—归纳—巩固—运用;语法复习的常规模式是:集中呈现—对比分析—专项梳理—巩固运用。

## 二、创设情境,突出运用

教师在语法教学时,尤其是在初中英语语法教学过程中,要想方设法创设情境,引导学生在发现、体验、探究和归纳的过程中准确、恰当地运用语言结构,以培养学生的综合语言运用能力、思维能力和自主学习能力。

### ➤• 典型案例 •◄

以下是授课教师通过创设情境提高语法教学实效的案例,教学内容是译林版《英语》八下 Unit 2 的语法:数量的比较。

**情境一**

让学生看一段授课教师自拍的视频,视频是关于教师新学期第一天的生活，围绕教师批改作业、学生做作业、学生送卡片等场景展开。接着，教师问：In the video, how many cards did A give me? What about C? 老师就着学生的回答说：Yes, A gave me one card, C gave me many cards, so C gave me more cards than A. 同时在屏幕上展示：give me more cards than...

教师用同样方法引导学生围绕视频说出：

A has a book, C has three books, so C has more books than A.

A did some homework, C did much homework, so C did more homework than A.

A brought some rice, C brought much rice, so C brought more rice than A.

教师在屏幕上展示：have more books than

do more homework than

bring more rice than

**情境二**

教师用PPT提供8张图片，分别是：universities, snow, boats, people, rain, rice, interesting places, sand。要求学生利用所提供的8张图片两两讨论、比较北京和自己的家乡在这八个方面的不同。学生利用屏幕上的句型进行表述。

Beijing has more _____ than my hometown.

My hometown has more _____ than Beijing.

学生争先恐后地做了比较表述，接着教师顺势说：

Yes, Beijing has more universities than my hometown, that's to say, my hometown has fewer universities than Beijing.

My hometown has more rain than Beijing, that's to say, Beijing has less rain than my hometown.

在教师的引导下，越来越多的学生会用less...than, fewer...than来转换刚才的more...than进行表述。教师又用PPT展示了下面的句子：

My hometown has fewer universities/people/interesting places than Beijing.

My hometown has less snow/sand than Beijing.

Beijing has fewer boats than my hometown.

Beijing has less rain/rice than my hometown.

教师启发学生进行归纳：When shall we use "less...than/fewer...than"？学生归纳，教师在黑板上板书：more...than，fewer...than([C])，less...than([U])。

**情境三**

1. 比较家乡和北京其他方面的不同。用less...than/fewer...than填空。

教师问：How many cities do we compare? 从而引导学生归纳出more...than，fewer...than，less...than用于两者比较，叫比较级。教师同时在黑板上板书。

2. 教师用PPT出示三组图片和关键词，要求学生用more...than，fewer...than，less...than进行比较。第一组图片是三毛和葛优，关键词是hair；第二组图片是Kitty的橘子和Daniel的橘子，关键词是get oranges；第三组图片是Kitty的橙汁和Daniel的橙汁，关键词是get orange juice。

**情境四**

教师用PPT出示了Bill Gates, Jay Chou, Harry Potter, Doraemon, Lu Xun五位学生熟悉的人物形象，要求学生将自己与他们进行对比。为了降低难度，教师口头做了示范：I have fewer fans than Jay Chou, but I think in the future I will have more fans than him because I can sing better.

**情境五**

教师安排了两个"Try your luck"的小游戏。第一个游戏是请三个学生从袋子里抽取糖果，然后问：Who has the most sweets of all/the three? Who has the fewest sweets of all/the three?

♦ **案例反思** ♦

在上述案例中,教师通过创设情境来激发学生学习的主动性和参与热情,让学生在情境中获得大量可理解的语言输入,最终形成语法技能,提高了语法教学的实效。创设情境时要遵循以下原则:

1. 创设情境要注意目的性和交际性

任何一节课都是围绕既定目标和教学内容展开系列活动的。在教学过程中,教师设计的教学活动和教学环节都是为实现教学目标服务的。语法学习的最终目的是培养学习者的交际能力,学习者能在情境中灵活运用语言知识规则进行交际,才算是真正掌握了语法规则(鲁子问、康淑敏,2008)。因此,教师创设的情境要与教学目标和教学内容紧密联系,同时要具有交际性。在上述案例的整个教学过程中,每个情境都围绕教学目标展开,让学生在多维互动和趋于真实的交际情境中内化语言规则,使用语法进行交际,凸显了创设情境的目的性和交际性。

2. 创设情境要注意适度性和时代性

适度性是指学习任务发生的情境与知识、技能被运用的实际情境相联系的程度。因此,创设的情境要符合学生的年龄特点;要与学生的知识结构和语言能力密切联系;要贴近学生的生活,考虑到学生的实际和需求,真正为学生创造学习的空间和机会,激发学生的表达愿望,让学生能够自主参与整个学习的过程,在轻松愉悦的氛围中学习,在活动过程中提高语言运用能力,体验成功的喜悦。另外,情境还要具有时代性。上述案例的所有设计均从激活学生背景知识着手,符合八年级学生的年龄和心理特点,并具有时代性,比如情境四中所选的五个人物 Bill Gates, Jay Chou, Harry Potter, Doraemon, Lu Xun,既是学生熟悉的,也具有时代性。

3. 创设情境要注意层次性和开放性

情境的创设和任务的设置要有层次性和开放性,既要兼顾到不同层次的学生,又要留给学生足够的操作空间。上述案例的活动由易到难,由简单到复杂,由单一到综合,由控制到半开放最后到开放,整个教学过程思路清晰,层层推进,具有层次性和开放性。

**4. 创设情境要注意多样性和趣味性**

多样性是指活动应尽可能包括学习语言知识和发展语言技能的过程，使学生在语言实践活动中，通过接触、理解、操练、运用语言等环节，逐步实现语言知识的内化（教育部，2012）。单一乏味的操练活动会降低学生的动机水平，因此教师要注意语言项目的操练方式、学习活动的组织方式以及师生、生生之间互动方式的多样化。有趣的活动能调动学生的积极性，提高学生参与活动的主动性和课堂活动的有效性。上述案例中，教师组织了多样有趣的活动，既有个人活动，又有两人或多人小组活动，既有控制性活动，又有拓展和运用的开放性活动。特别是视频导入和游戏的使用以及教师幽默的语言和表情激发了学生参与活动的积极性，学生投入度高。

## 三、把握生成，灵活运用

教学过程中的预设是教师围绕教学目标预先设计好的教学活动方案，生成是在预设的引领下对原定教学方案的突破与创造，生成新的课程资源。教学过程的活动性和不确定性决定了预设和生成会处于动态变化之中。英语课堂中应该关注的是动态资源的利用价值，针对动态生成资源给学生发展所带来的变化以及对教学三维目标的实现所起的作用，可将其分为知识拓展类资源、文化渗透类资源、学习策略类资源和思想感情类资源。在课堂语言活动过程中，教师需要具有把握生成资源的意识，不断发现教学活动中的生成资源，不失时机地进行新的预设，把握并运用好生成资源，利用课堂生成资源为实现课堂教学目标服务，更为有效地引导学生积累语言知识，发展语言能力。

➤• 典型案例 •◄

学生的笔头作业暴露出未能掌握好 if 引导的条件状语从句的用法，教师将课堂的复习环节预设为订正作业。教师进入教室后，发现学生在讨论即将到来的春游，根本没有进入英语学习状态。教师敏锐地捕捉住了这样的生成资源，并根据现有语境进行了新的预设。

T：Where are you going for the spring outing?

Ss：The Slender West Lake(瘦西湖).

T：Are we going there if it rains next Saturday?

Ss：We don't know.

T：What can we do if it rains next Saturday?

S1：Maybe we'll have classes.

S2：Maybe we'll still go there.

S3：Maybe we'll stay at home.

教师板书以下三个句子：

If it rains, we will stay at home.

If it rains, we will have classes.

If it rains, maybe we will still go to the Slender West Lake.

接着，教师要求后一名学生将前一名学生的主句作为自己的 if 引导的条件状语从句，做语言接龙游戏。

T：If it rains next Saturday, we will stay at home.

S1：If we stay at home, I will watch TV.

S2：If I watch TV, my mother will be angry.

S3：If my mother is angry, she will ask me to do a lot of homework.

S4：If my mother asks me to do a lot of homework, I will not have time to play computer games.

S5：If we play computer games too much, we will have bad eyes.

S6：If we have bad eyes, we will not see the blackboard clearly.

……

在此基础上，教师再次归纳 if 引导的条件状语从句的语法规范要求。

◆ 案例反思 ◆

学生关心春游，利用春游语境设计语用活动，既调动了学生参与语言活动的积极性，又有效地达成了 if 用法的订正目标。预设体现了对教学内容的尊重，生成体现了对学习主体的尊重。教学设计的超前计划离不开预设,教学活动的动态和开放更需要生成。精彩的生成离不开课前的精心预设,精心的预设却又无法全部预知精彩的生成。运用课堂生成资源服务于语言活动,需要教师具有把握生成资源的意识,也需要教师具备运用生成资源的能力。

## 四、灵活运用资源,进行语法教学

在平时的教学中,教师要依据学生的年龄和认知特点,针对不同的语法项目以及不同课型(主要指新授课和复习课)的特点,设计一些交互性、趣味性的方法来吸引学生。以下是在初中英语语法教学过程中,教师采用不同技巧和策略,提高教学实效的几个片段。

1. 利用英文歌曲

大多数初中学生爱唱爱跳,会唱一些流行或者经典的英文歌曲也是种时尚,因此,结合英文歌曲进行英语教学,能够满足初中学生的心理需求,有利于激发他们的学习兴趣,也是教师与学生进行沟通的手段之一。其次,许多英文歌曲是真实的语言材料,很多歌词与语法项目相关,利用英文歌曲进行语法教学可以改变语法课的单调枯燥,使语法教学与听力训练有机结合,提高语法教学效率和学生的综合运用能力。

例如,在教比较级时,教师教学生唱 *The more we get together*:

**The more we get together**

The more we get together, together, together

The more we get together the happier we'll be

For your friends are my friends and my friends are your friends

The more we get together the happier we'll be

……

这首歌曲中反复出现了"the +比较级,the +比较级"的结构,歌曲朗朗上口,活跃了课堂气氛,学生在哼唱中不知不觉掌握了语法,而且印象深刻。

再比如,教师利用后街男孩(Backstreet Boys)的 *As long as you love me* 来教学宾语从句和状语从句;利用西城男孩(Westlife)的

Seasons in the sun 来教学现在完成时。

2. 利用英文诗歌

合适的英文诗歌能够让学生感受英文诗歌的魅力,提高学习英语的兴趣。把诗歌教学与语法结合起来,可以使学生一边欣赏英文诗歌的美,一边学习语法知识,掌握语法规律。如教师在教学译林版《英语》九上 Unit 8 语法——由关系代词 which, that, who 引导的定语从句时,设计了这样的活动:读诗找句。(Read and enjoy the following two poems. Underline the attributive clauses.)

**I'll Try**

The little boy who says "I'll try"
Will climb to the hill-top.
The little boy who says "I can't"
Will at the bottom stop.
"I'll try" does great things every day,
"I can't" gets nothing done.
Be sure then that you say "I'll try"
And let "I can't" alone.

**Dream**

Hold fast to dreams,
For if dreams die
Life is a broken-winged bird
That cannot fly.
Hold fast to dreams,
For when dreams go,
Life is a barren field
Frozen only with snow.

这两首小诗形式、内容都相对简单,但是内涵隽永,值得回味。用这两首诗来理解、巩固定语从句,能够吸引学生注意力,并且营造出和谐、向上的学习氛围。

3. 利用英语俗语

英语中有很多古老的格言、俗语、谚语等,它们富含文化信息,具有哲理和教育意义,并且也是常见语法现象的浓缩。通过俗语来学习语法,既形式新颖,又可以培养学生的世界观和价值观。如教定语从句时可以使用谚语:

He that is master of himself will soon be master of others.

A good book is a best friend who never turns back upon us.

All that glitters is not gold.

He who makes no mistakes makes nothing.

They that sow in tears shall reap in joy.

God helps those who help themselves.

He who laughs last laughs best.

Don't cut down the tree which gives you shade.

### 4. 利用单元话题

在教材中，每个单元的语法课的教学一般放在阅读教学之后，因此如何把要求掌握的语法结构与单元话题、阅读板块的内容自然有机地结合起来，需要教师扎实的教学技巧。下面是某教师在执教译林版《英语》九上 Unit 5 语法时的做法。本课语法内容是 because, since, as 表示原因的用法。教师借助于阅读板块关于谭盾的文章进行导入、呈现、归纳、操练、巩固，紧扣话题，充分利用课本材料，教学任务从控制到半控制到完全放开，课堂气氛活跃，学生掌握快。下面的环节是教师在教 because 表示原因时的做法。

步骤一：读选自前面阅读板块 Music without boundaries 文本中的三个句子，要求用正确的连词填空。所填的连词分别是 because, since, as, 话题是关于谭盾，由此快速导入本课学习目标。

步骤二：回答阅读板块关于谭盾的几个 why 的问题，并引导学生总结 because 的用法。

步骤三：围绕谭盾这一人物，教师采访学生，然后进行汇报，为学生相互采访汇报做示范。

步骤四：学生相互采访并向全班汇报。

步骤五：根据课本小贴士内容设计判断对错练习。

步骤六：引导并鼓励学生回顾，总结 because 的用法。

### 5. 利用相关语篇

基于文本，再解决文本中问题的语法活动可能更有益于学习者语法知识和语用能力的发展。还是以译林版《英语》九上 Unit 5 语法为例，学生已经能判断 because, since, as 的用法区别，教师在最后设计了读写环节。具体做法如下：

(1) Read the passage "Dad, where we go", write an article and then make a speech.（根据提供的问题和连词写一篇简短的演讲稿，可以适当发挥。）

Do you like the program? Why?（because）

Why do people think it is meaningful?（because）

What suggestions do you want to give to parents or fathers in particular?（since/as）

（2）Assess some students' writings.（教师评价学生的演讲稿，复习回顾本课所学。）

教学中应将呆板的规则融入实际的交流中，融语法教学于语言技能训练中，让语法教学灵动起来。除了上面提到的，还有不少其他语法教学策略，如：利用视频、图片、故事、游戏、对比等。作为教师，我们应该做好准备，采用多种多样的方法和技巧帮助学生学习和掌握语法。

1. 平时注意搜集素材

英语教学的特点之一是使学生尽可能地从不同的渠道、以不同的形式接触和学习英语。因此，教师除了有效地使用教材和配套的教参外，平时要做一个有心人，分类别搜集一些有趣的素材，如歌曲、视频、故事、图片等；也可以鼓励学生搜集或动手制作，师生共同丰富教学资源，这些资源常常会给语法教学带来意想不到的效果。

2. 备课时注意筛选素材

好的素材不一定都是适合的，教师要进行筛选，筛选和使用素材时要遵循兴趣、情景、相关、互动、艺术等原则。

3. 要研读教材

教师平时要研读教材，理清单元各板块的联系，尽量利用单元话题和语篇进行导入，减少学生的认知负担。

**参考文献**

中华人民共和国教育部. 2012. 义务教育英语课程标准（2011年版）[M]. 北京：北京师范大学出版社.

陈力. 2013. 英语语法教学的困境与突围[J]. 基础教育外语教学研究(8)：10—14.

程晓堂. 2013. 关于英语语法教学问题的思考[J]. 课程·教材·教法(4)：62—70.

鲁子问，康淑敏. 2008. 英语教学方法与策略[M]. 上海：华东师范大学出版社.

## 细节 5

# 关于听说教学

### ▶ 细节阐述 ◀

研究表明，在一般的语言交流活动中，听、说、读、写在言语交际活动量中所占的比例分别为 45％、30％、16％、9％。由此可见，听和说在第二语言学习中具有重要地位。近年来，越来越多的地区英语中考中采用"人机对话"的形式进行听说考试，并且听说考试成绩计入中考升学总分，因此，广大一线初中英语教师普遍重视听说教学。在听力教学中，大多数教师设计听前、听中、听后活动，并且把听和说有机结合，调动了学生学习的积极性，提高了学生的听说能力。但是，在初中英语听说教学中，一些教师忽视听说能力的培养，即使安排了听说课也是以备考为目的的听力训练，听听录音、对对答案，结果养成学生打钩、猜答案的思维习惯。为了不断提高听说教学的有效性，我们应该进一步探索听说教学的有效途径。

### 一、巧妙导入，激活听说欲望

听前阶段主要是预习新的单词、短语、语法结构等有关语言知识以及介绍相关背景知识等，做有关听力材料主题内容方面的铺垫，激活学生听的欲望。在听说教学中，为了激发学生听的动机，导入活动需要有趣、恰当，以便使学生对听说活动产生兴趣。

## 典型案例

译林版《英语》初中教材每个单元的 Integrated skills 板块是以听、说技能为主,兼顾读、写能力发展的综合技能训练板块。此板块既是单元前面各板块的延续,也是对单元后面 Task 写作教学板块的前期铺垫。教材内容分为听力和对话两部分。内容与单元话题紧密相关。大多数教师在执教 Integrated skills 板块时,把整个教学活动设计成听前、听中、听后和说。

以下案例是执教老师设计的听前活动。教学内容是译林版《英语》八下 Unit 1 的 Integrated skills 板块。听力内容是关于星光镇的今昔变化。

1. T: In the past few years, there have been many changes in the towns in Beijing. We have known something about the changes in Sunshine Town, because Daniel's classmate Millie interviewed Daniel's grandpa Mr Chen in Reading. Now read Reading again, and then complete the following table. (One word for each blank)

(学生复习阅读板块的内容,填写表格,然后核对答案)

### The changes in Sunshine Town

| Items | In the past | At present |
| --- | --- | --- |
| __A__ | __1__ pollution<br>A steel factory __2__ its waste into the river. | __3__ pollution<br>The water in the river has become much __4__. |
| People | Old people used to play cards and Chinese chess __5__. | People have __6__ away and they can't see each other often. |
| __B__ | They had some small restaurants, shops, a post office and a cinema. | The government has turned the town centre into a new __7__. They have a new theatre and a large shopping mall. |

| Items | In the past | At present |
|---|---|---|
| Advantages | It was easy for them to see each other and play with each other. | They have a beautiful __8__ town. |
| Problems | The water in the river was __9__. | Old people feel lonely because it has become __10__ to meet old friends as often as before. |

(参考答案：A. Environment　B. Developments

1. more　2. put　3. less　4. cleaner　5. together　6. moved　7. park　8. modern　9. dirty/polluted　10. impossible)

2. T：From the table, we can conclude it has five parts, they are Environment, People, Developments, Advantages and Problems. What's more, if we want to describe the changes in one place, we must tell others the situations in the past and at present.

(在此过程中，学习生词 environment)

3. T：Now look at the pictures and talk about them.

(教师用 PPT 出示一些体现今昔变化的图片，学生根据图片谈论变化，同时学习并运用本课生词 environment, transport, condition)

4. T：Here is a dialogue about the changes in another town in Beijing, Starlight Town. Are you willing to listen to it and learn something about it?

Ss：Yes.

……

◆ 案例反思 ◆

上述案例中的教师首先复习了阅读板块的内容，很快自然引出了本课的话题，激活了学生原有的知识和学习新知的欲望。同时，学生了解了所听内容的背景知识，为下面的听说教学活动提供了足够的语言支撑。这符合《课标》对八年级学生在听方面的四级目标要求，即"能听懂接近自然语速、熟悉话题的简单语段,识别主题,获取主要信息"。

听前激活欲望的方法有很多,教师要根据学习者的具体情况选择适当的方式。在初中阶段,通常有以下听前激活方法:

1. 复习单元话题

译林版《英语》初中教材每个单元都有新鲜丰富的话题,提供了大量的生动有趣、富有时代感的材料,各板块相互关联、层层递进。教师可以充分利用单元话题激活学生已有的知识。本案例中的教师正是通过复习阅读板块的内容导入本课话题的。

2. 利用教材图片

译林版《英语》初中教材图文并茂,生动活泼,图片主题突出,是激活听前欲望的好素材。教师要充分利用教材中的图片、图标、图表设计听前活动。还是以译林版《英语》八下 Unit 1 的 Integrated skills 板块为例,教师利用教材中的两幅插图设计了如下问题:

Which picture is about the town in the past/at present?

Why do you think so?/How do you know?

What differences are there in environment, transport, living conditions?

学生通过看图回答问题复习前面已经学过的知识,也学习了新的词汇,扫清了生词障碍,同时初步熟悉了要听的内容。因为学生通过图片对内容进行了预测,学生很想印证自己的预测是否正确,因此很快投入到听的状态中。

3. 播放相关视频

贴近主题的视频直观生动,能很快激发学生的学习兴趣。例如教师在执教译林版《英语》七下 Unit 6 的 Integrated skills 板块时,在听前播放一段风筝节的视频,直接导入本课话题:中国风筝。

4. 学唱相关歌曲

例如,教师在执教译林版《英语》八下 Unit 6 的 Integrated skills 板块时,在预备铃响之前,播放了由迈克尔·杰克逊演唱的 *Heal the world*,学生自发跟唱。上课铃响了后,教师开场白如下:Did you enjoy the song? Who is the song for? What organization can help the poor children? What charities do you know? What do they do?

这样自然地导入了本课的听力话题:"The work of UNICEF"。

5. 通过游戏导入

译林版《英语》七下 Unit 2 的 Integrated skills 板块的听力材料是关于 Wendy 一家人的职业。教师可以让学生在游戏中学习、巩固不同职业的英语表达。

T:Boys and girls, let's play a game. I'll invite a student to the front and act without saying a word, and the others write down the answers. Let's see who can write the most words and who is the best actor/actress in our class.(一名学生根据老师所给的表示职业的词汇做动作,其他学生根据他/她的动作写出词汇)

T:You did a good job. Next let's play a guessing game. Well, you know, I'm a teacher. What about my parents? What are their jobs? Can you guess?(学生猜了一个又一个职业)

T:Well, you are good guessers. My father is a worker and he taught me how to fix things. My mother is an office worker, and she taught me to read books. I am very proud of them.

T:Now let's try Wendy. What are Wendy's parents' jobs? Can you guess?

Ss:Wendy's father is ... and her mother is...

T:Good guesses. Are your guesses right? Let's listen and check.(进入听中环节)

听前活动的设计必须遵循几个原则:

1. **基础性原则**

设计听前活动的目的是激活学生听的欲望,提高听的效率,降低听力难度,所以设计的听前活动要符合学生年龄特征和认知水平。

2. **相关性原则**

听前激活自然是激活相关的话题知识、词汇语法知识等,如果设计的活动与听力材料无关,活动再好也毫无意义。

3. 适量原则

在听前阶段,教师的导入要短、平、快,铺垫要适度;冗长的导入和讲解会导致学生听的时间过少,过度铺垫会使听力技能得不到锻炼。

## 二、培养技能,降低听的难度

听中阶段主要是学生听和实施听力任务。在听力教学过程中,要注意侧重点是听中阶段。从技能训练的角度来看,听力训练的全部意义都是在听的过程中实现的。因此,在听力教学中,强调听的过程有助于提高听力教学的整体效率、改善听力教学的远期效果;反之,过多的非听力过程活动,包括教师的讲解、说明、背景介绍等都可能削弱对听力过程本身的投入力度,降低关注程度,从而使听力训练满足于获得听力理解的短期效应和局部效果,牺牲听力训练的长期效应和整体进步(肖礼全,2006)。

在听中阶段,教师不能只要求得到正确答案,而是要设计适当的听力活动,注意听力微技能的培养和训练。

### ▶·典型案例·◀

下面是某执教老师在听中阶段的做法,教学内容是译林版《英语》九下 Unit 1 的 Integrated skills 板块 A trip to Japan。

教师通过播放日本风光的视频和复习前一板块交换生上海之旅来激活背景信息,导入本课内容——交换生离开上海去日本的旅行安排,进入听中阶段。

1. Read the activities on the right in Part A1.

2. Listen to Millie introducing their itinerary. Match the days on the left with their activities on the right.

3. Try to fill in some of the blanks in Part A2 according to the information in Part A1.

4. Read through the notes again and think about what kind of words should be filled in each blank.

5. Listen carefully twice and help Kevin complete his notes and

learn to use the symbols or short forms to take notes quickly.

6. Listen again and check the answers.

7. Check in pairs and then check for spelling mistakes with a projector in class.

♦ **案例反思** ♦

在上述案例中,教师注重听力微技能的培养,如预测、速记等技能。如在听 Part A1 前,让学生先读右边列出的活动,在听的时候,学生只要关注听力材料中的时间和活动的对应即可。在听 Part A2 任务前,引导学生先预测要填的内容,在听的过程中,指导学生用符号或者缩写形式速记,快速捕捉信息。

听力微技能会影响听力理解。教学过程中,教师可以有意识地渗透听力策略,指点学生听的方法与途径,训练听力技巧,达到提高学生听力水平的目的。听力微技能主要有:

1. 预测信息点

内容多、话轮更替频繁的听力材料对学生来说是较大的挑战。教师要引导学生浏览听力任务,预测听力内容。听前的预测既可以促进学生对听力材料的有效理解,同时也能增强学生的学习动机,使其带着目的参与听的活动。当听到的内容与预测的内容吻合时,学生会体验到听的成功和喜悦。

2. 捕捉关键词

在听力教学和训练中,教师要有意识地训练和培养学生捕捉关键词的能力。下面是教师训练学生抓关键词的做法。教师提供以下不同场景:医院、图书馆、书店、饭店、旅馆,要求学生与同伴合作创编对话,然后让其他学生通过选择信息点、捕捉关键词来听辨对话中的地点。如:

S1:I have a bad cold, doctor. How shall I take this medicine?

S2:Three times a day. I'm sure you'll be all right soon.

学生从 doctor,medicine 等词判断出对话场景是在医院。

S3:Excuse me. How much is this kind of magazines?

S4: It's five dollars, sir.

学生从 magazines 以及价钱判断对话发生在书店。

3. 速记信息点

听录音记笔记能够弥补大脑短时记忆有限的缺陷,是提高听力水平的有效方法之一。在平时的教学中,教师要培养学生记笔记的习惯并指导他们用首字母、符号等速记的方法。

学生听力微技能的形成离不开教师的指导和培养。教师在训练和培养学生听力技能时要注意以下几点:

1. 选择适当的听力材料

要根据学生的听力水平选择适宜的材料。选择材料时要注意真实性、趣味性、难度、文化色彩。教师要学会根据不同的教学阶段、不同的教学对象和不同的教学目标,对听力材料进行必要的调整、取舍和整合,在不断学习的过程中逐步引导学生掌握听力技能与技巧。

2. 坚持长期的听力教学

学生听力水平不可能一步到位,需要长期的训练。目前的听力测试大多采用选择题的形式,只要结果,不关注过程,但是在平时的英语课堂教学过程中,教师要有计划地、有针对性地、多方位地训练学生的听力技能。在平时的听力教学过程中要根据学情设计多样的、有梯度的活动,逐步渗透听力策略,培养学生的听力技能,从而提高学生的听力水平。

3. 关注学生的个体差异

在训练听力技能的过程中,教师应该关注学生的个体差异,对学生的学习情况做到心中有数,特别要关注和帮助英语学困生。

## 三、紧扣话题,听说巧妙结合

在一般情况下,听和说互为因果、互为条件,因此听和说总是相互关联的。听的训练不能完全是单纯地听,要尽可能地让学生参与对话式的、互动式的、活的语言活动,与说的训练相结合(肖礼全,2006)。

### 典型案例

以译林版《英语》八下 Unit 1 的 Integrated skills 板块为例。教师设计了下面的教学流程。

**听前阶段**

利用图片引导学生说说今昔变化,导入本课内容:北京星光镇的今昔变化。

**听中阶段**

通过谈论课本插图预测听力内容,然后听并实施听力任务。

**听后阶段**

1. 根据 Part A1 和 Part A2,完成 Part A3,然后校对答案,订正错误。

2. 让学生阅读 Part A3,然后用自己的语言从四个方面谈论星光镇的变化。

3. 根据所学内容谈论家乡今昔变化。发言的学生在汇报家乡变化时,其他学生认真倾听并准备回答相关问题。

4. 在体会家乡变化的过程中,自然导入下一个环节 Speak up,谈论我们日常生活的变化。

5. 带着问题听对话录音。

6. 读对话,演对话。

7. 编对话,演对话。(学生选择某一方面,两两编一段日常生活的今昔变化,其他学生听并准备回答他们提出的问题)

◆ **案例反思** ◆

很显然,在上述案例中,执教教师紧扣单元话题,将听说巧妙结合。特别是在听后阶段,教师充分利用听力材料,鼓励学生将听到的信息转化为口头表达,引导学生利用所学知识进行再创造,谈论自己家乡的今昔变化,语言任务源于听力材料而又高于听力材料,使得输入的语言很快得到运用和巩固,培养了学生说的能力,更为后面的写作板块做了铺垫。在 Speak up 部分,教师让学生带着问题听对话,并模仿范本编对话。在学生展示的时候,教师引导其他学生倾听,这样听中有说,说中有听,听说结合,提高效率。

初中英语听说课应以培养学生的听说能力为目标,使学生"能听懂有关熟悉话题的陈述并参与讨论。能就日常生活的相关话题与他人交换信息并陈述自己的意见"(教育部,2012)。因此,在听说教学中,教师应该努力设计多样活动,做到听说结合,提高听说教学的实效。听说课教学应注意如下要求:

1. 激发学生参与听说的动机

尽可能使用多媒体辅助手段,如:图片、录像等。特别是在初中的听说教学中应多使用视频、音频材料。

2. 以话题为主线,听说巧妙结合

教师要以话题为主线,巧妙设计听前、听中、听后和说的活动,各个环节之间要力求做到由易到难、过渡自然、环环相扣。

3. 拓展延伸要适时、适当

在听说教学过程中,要力图让大多数学生有实实在在的体验、训练和实践听说的机会,让不同层次的学生都有进步和收获。在听说教学中,要避免形式主义的"走过场",要注意将学生的难点甚至错误转换为教学的良机。只有有了足够的输入后,才能拓展延伸,而且要把握好拓展延伸的度,要紧扣主线,要符合学生认知水平,要贴近学生生活,让学生跳一跳,够得到。

## 四、宽容错误,注意纠错方式

《课标》在实施建议中提出:"对学生在学习过程中产生的语言错误采取宽容的态度,并选择合适的时机和恰当的方法妥善处理。"对于学生口语中的错误,何时纠错以及如何纠错一直是英语教师感到困惑的问题,也是值得思考的话题。如果有错必纠,会挫伤学生说的积极性,反之,如果不及时纠正,错误会根深蒂固。有学者认为,在学生说的过程中,教师一般不应该纠错。教师的干预会中断学生的思维,过多的纠错有伤学生的自尊。说应该以意思表达为主,兼顾语言形式的正确性,教师应视具体语言错误的严重性而决定是否纠错,在不影响学生意思表达的情况下可以不马上纠错。

### ➤·典型案例·☚

下面是教师在执教译林版《英语》八下 Unit 6 的 Integrated skills 板块时与学生的一段对话。

T：What charities are they? What do they do?（教师呈现慈善组织的徽标：ORBIS，World Vision，World Wide Fund for Nature，Oxfam，UNICEF）

S：ORBIS helps the blindness people. World Vision helps the people in poor areas. World Wide Fund for Nature helps the nature and the animals. Oxfam helps poor people. UNICEF helps children.

T：You mean ORBIS helps the blind people?

S：Yes，ORBIS helps the blind people.

T：Right. Good job!

### ◆ 案例反思 ◆

从以上教学案例中可以看出，教师在学生表达出现错误时，并没有直接指出学生的语言错误，而是使用复述的纠错方式，引导学生自我纠错。这样，既保护了学生的积极性和自尊心，又让学生自我纠错。

### 参考文献

肖礼全. 2006. 3（2014. 5 重印）. 英语教学方法论［M］. 北京：外语教学与研究出版社.

中华人民共和国教育部. 2012. 义务教育英语课程标准（2011 年版）［M］. 北京：北京师范大学出版社.

## 细节 6

# 关于阅读教学

### ➤• 细节阐述 •◀

阅读作为语言技能的重要组成部分及语言输入的主要途径,在初中英语教学中占据着重要地位(罗敏江,2015)。阅读教学不仅仅是为了让学生学习语法、词汇,还是获取新知识,提高认识水平和阅读能力的重要途径,同时还能够增强学生分析和解决问题的能力(葛连干,2010)。

阅读是一种积极思维的智力活动过程。但许多教师的阅读教学流程形式化,不能在现有的教材阅读文本上下功夫,教学设计千篇一律,学生学习起来"了无生趣"。在常态阅读教学中,教学流程形式化典型的表现为:读前通常利用图片、视频、思维导图等形式激活话题;读中比较常见的活动有回答问题、判断正误、选择填空、填写表格等;读后则是复述、讨论活动等。大部分教师对这种"流水线"般的阅读教学设计"了如指掌",但其教学效果却往往"大打折扣",也使英语阅读教学面临各种各样的尴尬境地。

## 一、解读文本切忌程式化

阅读教学实践中存在的问题可以概括如下:词汇和语法的讲授用时过长,而文本阅读时间明显不足。我们所说的文本多是指阅读教学中的阅读材料,即教材中的课文内容。针对生词较多的文本,不少教师往往先耗费大量的时间扫清词汇障碍,然后再开展阅读活动,从而压缩了阅读、理解文本的时间。因此,许多阅读课都在学生基本理解文本大意后就戛然而止,学生来不及消化文本内容,更谈不上对文本内涵的深入理解。而实际上,阅读文本不仅是语言知识的载体,同时还能传递思想、表达情感、蕴涵文化。

教师文本解读不力与目前英语阅读教学的惯用处理方式不无关系。很多阅读课教学往往是在按照固定的教学模式"走程序",即按照 Pre-reading—Skimming—Scanning—Language points 的步骤授课,如果是公开课,最后一个步骤会改成 Discussion。这样公式化的流程设计,导致阅读材料只是训练学生阅读技能的载体。一节课下来,学生体验不到阅读材料自身独有的文本价值。

如果授课教师不考虑课型特点、师生的个性特征和文本特点,每一节课都使用同样的教学模式甚至相同的教学环节,会导致教学活动的教条化,还会阻碍教师课堂驾驭能力的发展。基于阅读文本的巧妙设计可以把学生轻松带进文本,而千篇一律的公式化设计会让阅读教学过程只是"浮光掠影",最终没有太多实效。

## ➤·典型案例·◄

某教师在教授译林版《英语》九上 Unit 5 Art world 的阅读板块 Music without boundaries 的第一课时时,进行了如下教学设计:

**Step Ⅰ 导入**

1. 复习前一课时的内容。教师说:We've learnt something about art. Can you tell me some art forms? 鼓励学生踊跃回答。教师继续问学生:Do you like music? Can you tell me something about your favourite music? Who's your favourite musician? 鼓励学生自由发言,说出他们最喜欢的音乐或音乐家。

2. 教师告诉学生:My favourite music is *A love before time*, which was composed by Tan Dun. 教师板书 compose 和 composer,幻灯片呈现谭盾的照片和以上两个单词的音标和汉语注释;接着,教师播放《卧虎藏龙》获第 73 届奥斯卡最佳原创音乐奖的颁奖视频,引导学生谈论这部电影及其电影音乐。

**Step Ⅱ   呈现**

1. 教师对谭盾作进一步介绍:Tan Dun was selected to compose the Award Music for the Beijing 2008 Olympic Games. Each time a medal was presented to a winner, the Award Music was played. 教师板书 present，winner，Award Music，带领全班学生朗读这些单词和词组,确保其理解含义。

2. 教师利用图片或其他方式继续讲授 central，instrument，common，object，stone，control 等本课出现的生词。

3. 教师播放课文录音,要求学生边听边完成判断正误练习。

T:Let's listen to the tape and do the True or False exercises.

1) Tan Dun wrote music for the Beijing 2008 Olympic Games.（T）

2) When he was very young, Tan Dun was not interested in music.（F）

3) Tan Dun once made music with stones and paper.（T）

4) Tan Dun wrote music for the film *Crouching Tiger*, *Hidden Dragon*.（T）

5) Tan Dun uses the sounds of nature in his music.（T）

6) Different musical instruments are used in the piece of music *Water*.（F）

**Step Ⅲ   操练**

1. 教师让学生快速阅读课文第一段,然后回答问题。
2. 教师让女生朗读课文的第二至三段,然后完成对应练习。
3. 教师让男生朗读课文的第四段,全班讨论相关问题。
4. 学生集体朗读课文第五至六段,然后完成对应练习。
5. 教师指导学生完成其他练习,巩固本课所学的单词。

**Step Ⅳ   活动**

1. 教师播放一些谭盾的作品,然后问学生:What do you think of Tan Dun's music? Do you like Tan Dun?

2. 让学生独立完成相关练习。

**Step Ⅴ　家庭作业**

1. 记忆本课时所学的词汇、词组和句型。
2. 熟读课文，能力较强的学生背诵课文。
3. 完成教师布置的相关练习。

◆ 案例反思 ◆

本案例的教学过程中，一方面，授课教师花了大量的时间和精力讲授生词，阅读课异化成了脱离文本而教授词汇的课堂。以 composer 一词为例，虽然它是阅读文本中的一个生词，但它并不影响到学生整体理解文章。该词在文本中出现的语境为：The music was written by Tan Dun, a world-famous composer. 学生即使猜不出该词的准确意思，也不会影响到对文本的进一步阅读。再如，文本中有这样一句：Since he had no musical instruments then, he made music with common objects like stones and paper. 只要学生会根据语境分析句子，相信 instrument, common objects 并不是真正意义上的生词。因此，教师在授课时没必要对所有生词逐个讲解。事实上，任何脱离文本理解而学习的生词，其学习效果大多不甚理想。

另一方面，文本解读公式化的设计，过多的浅层与程式化的任务，以及蜻蜓点水式的梳理，也阻碍了学生对文本的深层理解。在本案例中，教师企图用"听"录音代替学生的"读"文本，即使是稍后的男生读、女生读与集体读，也并非是真正归还学生走进文本的权利，学生在一系列浅显的任务驱动下只好疲于应对一个个特殊疑问句甚至是一般疑问句，更谈不上对文本进行深层理解了。

## 二、设计问题切忌单一化

阅读教学中的问题设计是一门艺术，设计问题时既要全面关注文本、深刻挖掘文本，又要有利于促进学生阅读技能及思维品质的提升。

◆ 典型案例 ◆

某教师在教授译林版《英语》九上 Unit 1 Know yourself 的阅读板

块 People who are happy with their jobs 的第一课时时,在文本阅读环节进行了如下教学设计:

1. 告诉学生:Today we're going to meet some people who are outstanding in their fields. 让学生快速浏览课文,并回答以下问题:

1) How many people are mentioned in the article?

2) Who and what are they?

2. 播放录音并呈现 B2 部分的句子,让学生边听边判断句子是否正确。

3. 再次播放录音,让学生跟读,并在每段短文后停顿,让学生用完整的句子回答以下问题,帮助学生进一步理解课文:

**Paragraph 1**

1) Does Wu Wei like to talk?

2) What has he won from the art community for his sculptures?

**Paragraph 2**

3) Is Su Ning active and energetic?

4) What do you think is more suitable for her, an accountant or a manager?

**Paragraph 3**

5) What is Liu Hao's personality?

6) Is Liu Hao's personality suitable for his job?

**Paragraph 4**

7) How long does Fang Yuan often do operations a day?

8) Is Fang Yuan kind and helpful?

4. 让学生再次朗读课文,独立完成 B3 部分的练习。然后两人一组互相核对答案。如果学生有不同答案,先让他们参考课文内容进行讨论,教师适时给予指导。

♦ 案例反思 ♦

本案例中的问题设计缺乏层次,阅读问题主要围绕对文本基本信息的理解展开,如 5W1H(who, when, where, what, why, how)类问题，基本都是表层信息处理，缺乏对文本内涵的深度挖掘，从文本到文本，学生的思维根本未真正启动。从设问层次分析，授课教师寄希望于简单、重复的问题设计来达成阅读理解的目标，设计缺乏新意，设问趋于模式化。从设问形式上分析，是非判断题、一般疑问句、特殊疑问句占满了PPT，课堂气氛沉闷，学生的阅读兴趣不足。阅读后，学生仅获知了文本内容，却不能领会作者的创作思想、文本的文化内涵，也不能根据个人经验进行分析、推理等一系列思维活动，从而导致其阅读能力的发展和思维素养的提高受到阻碍。

阅读过程并不是简单的信息传递和读者被动接受信息的过程，而是一个非常活跃的过程，在此过程中读者自始至终处于积极主动的状态，不停地对视觉信息进行解码、加工和处理。如何在阅读文本处理阶段设计恰当的问题，增加学生与文本的接触机会，促进学生对文本信息的深入加工和处理，提升课堂语言实践活动的思维含量，提高学生的综合语言运用能力，是授课教师开展教学设计时理应思考的问题。

文本处理阶段的问题类型分为展示性问题、参阅性问题和评估性问题（梁美珍，2011）。展示型问题，是为了促进学生对文本信息的识记和理解而设计的问题，教师预先知道学生作答的内容，学生作答时会在很大程度上依赖文本信息。本案例中的大部分问题都属于此类问题。参阅性问题，是在学生理解并获取文本的事实性信息之后，为了帮助学生进一步理解文本，教师围绕文本中有价值的可以生发的关键点进行提问。这类问题一般在文本中没有现成的答案，学生作答时在一定程度上参阅文本的内容，同时结合已有的认知和经历，对文本信息进行提取、分析和应用。以本案例中文本第一段首句为例："Wu Wei is a born artist," said his best friend. "He's quiet and doesn't like to talk much, but his works shout!"授课教师可以设问：Why does Wu Wei's friend say Wu is a born artist? And what makes a born artist? 学生通过参阅文本并结合个人认知和经历就能给出自己的理解。

在文本处理的最后阶段，为了增进学生对文本话题的熟悉程度，帮助学生形成正确的解决问题的方法和态度，教师通常需要通过向学生提出问题对文本话题进行拓展。这类评估性问题基本上从文中找不到答案,学生通常需要从不同的角度和层面,结合逻辑和情感得出综合性的评价和结论。比如,在阅读完本案例文本中的四段文字之后,授课教师可以根据文章标题"People who are happy with their jobs"设问:What makes them happy with their jobs?

在文本处理阶段,授课教师既要做到问题层次分明,又要探寻不同类型问题之间的合理比例,以达到理想的课堂教学效果。一般而言,展示型问题是学生理解文本的必要环节,在三类问题中通常占有较大的比重;参阅性问题能促进学生对文本信息进一步处理、吸收和内化,也应该占有一定的比例;评估性问题是围绕文本话题的拓展延伸,对语言和思维要求比较高,这类问题在数量上应该适当控制。

### 三、培养阅读策略切忌笼统化

阅读策略是学习者在阅读过程中,根据不同的篇章类型、内容和阅读目的,有选择地使用一定的阅读方法。阅读策略是指学习者为解决阅读中的困难而采取的行为过程。英语阅读策略是学习策略的组成部分,它有利于提高学生的英语阅读效率和阅读水平,增强学生学习英语的自信心。它不仅包含阅读中的一些技巧,如预测、推理文章的内容、猜测文章中生词的大意、略读、跳读等,还包含阅读者为达到预期的阅读目的所采取的有选择性和控制性的行为。

融策略训练于日常阅读课教学之中,可以使策略训练在语言任务的完成中得到完整的实施和具体应用,从而逐渐构建学生个性化、自动化的策略使用体系,培养他们的自主学习习惯和自我调控能力。学生通过参与阅读策略的训练,能够更加清楚阅读理解的本质,提高阅读过程中的自我调节水平和自我监控能力,为阅读能力的提高找到可操作性措施。

在日常教学实践中,很多教师对阅读策略以及阅读技能的理解存有偏差,课堂教学动辄出现 fast reading, careful reading, further reading, loud reading 等类似的表述,这些笼统且不科学的表达并不能真正提高学生的阅读技能,学生也无法从这些阅读技能培养策略中有所获益。很多学生以为阅读课就是"快读","细读","进一步读"、"大声读"等各种"读"的大杂烩,并不知道"为何读",也不知道"如何读"。更令人担心的是,很多教师甚至对具体的阅读微技能的含义和功能也没有到位的了解和把握,为阅读微技能乱贴标签的情况常有发生。

### ➤·典型案例·◄

某教师在教授译林版《英语》八上 Unit 5 Wild animals 的阅读板块 The story of Xi Wang 第一课时时,在文本阅读环节设计了如下教学详案:

Ⅰ. Watch a video of the text and skim for the main idea of the article

T:First, let's watch a video to get a general idea of the text.

T:Can you find an easy way to get the main idea of the article quickly? (Group work)

T:Sometimes, we can get the main idea of the whole article from the title, the pictures and the first and last paragraphs.

(设计意图:通过小组合作,培养学生利用标题、插图、首尾段来确定文章中心思想的阅读策略意识。)

Ⅱ. Have a try

T:Let's challenge ourselves to get the main idea of the text.

(设计意图:为补充材料寻找主旨句,验证上一环节使用的策略,培养学生的成就感。)

Ⅲ. Brainstorm

T:The report is about the pandas, so let's guess in what aspects we can introduce the pandas. We will use the mind map to help us. Any ideas are welcome.

(设计意图:通过思维导图,让学生以作者的身份去猜可能会写到大熊猫的哪些方面。)

Ⅳ. Skim for the main ideas of Paragraphs 2—5

T:All of you have thought of so many ideas. Now, let's read

Paragraphs 2—5 and find their main ideas to see whether you have made the right prediction.

### Ⅴ. Discussion

T: Here, I have a question for you. How did you find the main idea of Paragraph 4? Can you circle the topic sentence?

(设计意图:培养学生通过找主题句来确定主旨大意的阅读技能。)

### Ⅵ. Understand the structure of the text

T: So far, we have known how the report is organized. It is time for us to analyze the structure of the report.

T: How many parts can the report be divided into? What are they? Please work in groups.

(设计意图:在明确文章主旨及各段落大意之后,通过小组讨论得出文章的主题结构,增强学生的篇章整体意识。)

### Ⅶ. Find out specific information

T: We know the structure of the report and how the report is organized. Now, let's find out some specific information about the pandas.

(设计意图:通过展示文章的思维导图,鼓励学生去寻找文章的细节信息。)

### Ⅷ. Scanning for the specific information(Ⅰ)

T: First, let's find out what the pandas eat and how much they weigh in different stages.

T: Now, please listen to the tape and then finish the table.

**Information about Xi Wang**

| Time | Weight | Food |
| --- | --- | --- |
| At birth | 100 grams | mother's milk |
| At 4 months | 8 kilograms | |
| At 6 months | / | bamboo |
| At 12 months | Over 35 kilograms | |
| At 20 months | / | look after herself |

(设计意图:通过整合 2、3 两段,让学生找出不同阶段大熊猫吃什么、重多少,训练学生的听力与扫读能力。)

### Ⅸ. Discussion

T:While looking for the answers, you may find some useful words that can help you quickly find the information you need. Can you circle them?

(设计意图:训练学生利用指示词去找具体的信息,训练学生扫读能力。)

### Ⅹ. Scanning for the specific information(Ⅱ)

T:Next, let's find out what problems the pandas face and what actions we can take.

(设计意图:通过整合 4、5 两段,让学生读课文,然后找出熊猫面临什么样的危险以及可以采取的措施,训练学生的朗读与扫读能力。)

### Ⅺ. Summary

T:So far, we have a better understanding of the text. Let's review what we have learnt about the pandas.

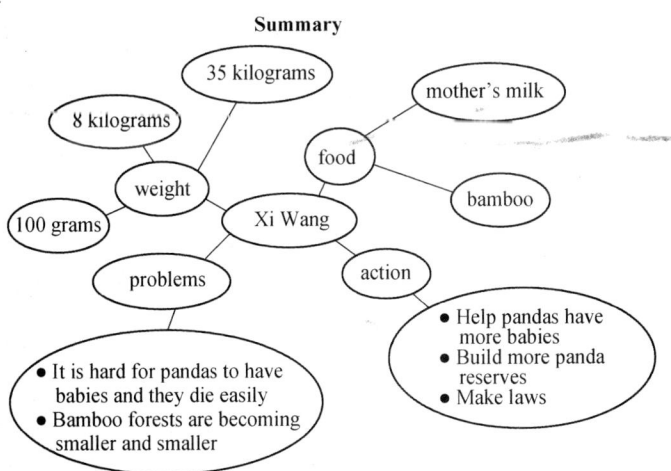

(设计意图:利用思维导图,让学生对文章整体形成清晰的了解,树立篇章概念。)

♦ **案例反思** ♦

在培养学生阅读策略和技能方面，本案例中的教学详案是一个良好的正面示范案例。授课教师不仅能够清楚地理解和运用各种阅读技能培养策略，而且每一个阅读策略的训练手段都具体到位，而非笼统得乱成一团，这从详案中的"设计意图"可见一斑，在此不再赘述。

这里，特别强调最常见的两种阅读策略，即 Skimming（略读）和 Scanning（扫读），很多教师将这两种阅读策略混为一谈，而且在具体的策略培养途径上感到困惑。在译林版《英语》九上教材中，对这两种阅读策略的描述如下：

● Skimming means reading the text quickly to get the main idea.

● Scanning means moving our eyes quickly over the text to look for specific information such as facts and numbers.

许多教师在讲解这两项阅读微技能时，照本宣科，只是对其大致含义或用途简单地向学生做个说明，至于每个阅读微技能在阅读中到底应该如何落实，则指导不力，甚至避而不提。本案例中，教师对阅读微技能的培养策略抓到了实处，其做法值得称赞。

## 四、训练思维品质切忌边缘化

思维能力包括理解能力、比较能力、概括能力、抽象能力、推理能力、论证能力和判断能力等。它是人的智慧的重要组成部分，参与、支配着一切智力活动。英语课对于培养学生的思维能力起着重要的作用，而阅读就是培养学生预测、分析、推断、综合、概括和质疑等思维能力的重要渠道。生成语言学和认知心理学也认为，阅读是思维和语言相互作用的过程，阅读理解水平在很大程度上反映了一个人的语言能力和思维能力，英语阅读亦是如此。所以，在阅读教学中，教师应转变观念，把阅读和思考的时间还给学生，并运用有效的教学活动来帮助学生理解文本，挖掘内涵，发展思维能力，提高人文素养，为他们的终身学习和发展打下良好的基础。语言具有思维的特性，而文学是一种"高级心理工具"，是增强语言意识的最佳语料。英语文学阅读不仅能增强学生的学习情趣和语言能力,还能培养学生的逻辑性思维、批判性思维和创新性思维等多种深层思维能力。

### ➤·典型案例·◄

译林版《英语》七下 Unit 6 Outdoor fun 的阅读板块 Down the rabbit hole 是修订后的英语教材新增加的课文之一,它是经典儿童文学作品《爱丽丝梦游仙境》(*Alice in Wonderland*)的开篇之作。童话叙述的是一个名叫爱丽丝(Alice)的女孩从兔子洞掉进一处神奇国度,并遇到许多会讲话的生物,却在最后发现原来是一场梦的奇幻故事。课文节选部分讲述的正是 Alice 掉进兔子洞这一经典片段。

很多教师在讲授这篇课文时,或多或少地都设计了"If you were Alice..."的教学环节,旨在培养学生的想象力和创造力,但也出现了令人啼笑皆非的尴尬现象。比如,有教师让学生想象自己就是 Alice,讨论会不会随兔子一起跳进兔子洞。在展示环节中,大部分学生都表示"不会跳下去",因为洞里难免会有种种危险。此时,授课教师开心地评价道:Great! It is important to be careful when you are having outdoor fun. Right? 学生齐声答道:Yes! 再如,某教师让学生想象自己就是 Alice,讨论应该如何逃出兔子洞。不久,便有一名男生兴奋地站起来说:I will call 110 with my iPhone4! 授课教师先是皱了一下眉,然后追问道:Are you sure? Could you have an iPhone4 at that time in the rabbit hole? 讨论的结局是:众生皆无语,唯有低下头。

### ◆ 案例反思 ◆

本案例中的"If you were Alice..."的教学环节旨在培养学生的想象和创新能力,而非对学生进行安全和道德教育。在以上例子中,教师不仅没鼓励学生沉浸在童话的幻想世界中,反而用现实或真实的准绳去束缚他们思维的发展,难免令人啼笑皆非。

在本节课中,教师可以精心设计多种情境,培养并发展学生的想象力。比如,课文讲完之后,教师可以设计如下活动:"If you were Alice and you opened the door at last, what could you see in the garden?"

另外，就如同培养想象力一样重要，培养学生的质疑和批判能力则是阅读教学的另一价值取向。在《爱丽丝梦游仙境》这部童话中，作家Lewis Carroll巧妙地运用了不合逻辑的跳跃方式去讲述故事。教师不妨引领学生多视角地思考作品的故事情节，对文本内容进行质疑、推理和解释，或深入挖掘文本所隐藏的故事情节或折射的深层含义，从而培养学生的思辨能力和创新能力。以下便是在一次磨课观摩之后，笔者整理出的学生在细细阅读之后基于故事文本的种种疑问：

What was the rabbit going to do?/Why did the rabbit look at the time?/Where was the rabbit from? Where was Alice's sister?/Did her sister look for Alice?/Why didn't Alice see the rabbit in the hole?/Why did Alice run after the rabbit while her sister didn't?/...

**参考文献**

葛连干.2010.从一节公开课看初中英语阅读教学的定位与活动设计[J].中小学外语教学(中学篇)(1):13—16.

罗敏江.2015.初中英语阅读教学中的问题与对策[J].中小学外语教学·中学篇(2):60—64.

梁美珍.2011.高中英语文本处理阶段的问题类型及设计方法[J].中小学外语教学·中学篇(4):1—6.

# 细节 7

# 关于写作教学

## 细节阐述

写作是学生将语言知识内化为语言表达能力的有效过程。学生对英语基础知识的掌握程度与运用能力也可以通过写作表现出来。同时，写作也具有发展学生思维能力和表达能力的积极作用。英语写作在初中英语教学中占有重要地位。初中英语是发展学生英语写作能力的起始阶段。

写作能力需要通过长期的指导和训练才能形成。《课标》强调，教师要鼓励学生通过体验、实践、参与、合作和探究的方式，发展听、说、读、写的综合语言技能。但是，由于学生写作能力的提高很难在短期内显性地表现出来，教学过程中，教师常常把主要课时用在阅读教学上，部分投入到听、说训练上，而写作教学则被挤到了课堂之外。英语教师仍然较为广泛地采用"教师布置写作任务—学生个人写作—教师集中批改—学生背诵范文"的写作教学模式。这样，虽然教师花费了较多时间集中批改学生的写作练习，但是，因为学生没有机会在课堂上接受系统的写作方法指导和及时地进行输入和输出的转换练习，学生的写作水平还是难以有效提高。

发展学生的英语写作能力既是我国英语教育的重点又是弱点。初中英语写作教学的重要性显而易见，初中英语写作教学中所表现出的问题也明显地呈现在我们面前，需要我们进一步关注初中英语写作教学,努力探讨提高初中英语写作教学效益的方法和路径。

## 一、注重过程取向写作教学模式

在过程取向写作教学模式中,写作不再被视为只是学生自己独立去做的事,而是由教师、同伴共同参与的行为。这样的写作教学能够促进学生在交流、探讨、解决问题、享受自我书面表达成果的过程中树立起英语写作的信心,最终达到《课标》提出的"独立地获取信息和资料,并能加以整理、分析、归纳和总结"的目标。过程取向写作教学模式一般含有三个阶段:写前、初稿和修改。写前阶段教师主要是激发学生的写作兴趣,激活学生已有的知识内存。初稿阶段教师要趁热打铁,把学生的写作积极性落实到笔头写作的过程之中。修改阶段教师要强调学生和同伴反复讨论,鼓励互评、自我评价和教师指导相结合。

### ➤·典型案例·◄

译林版《英语》初中教材中的 Task 板块以训练学生的写作能力为主要目的。此板块的编写强化了以下两个特点:一是,写作要求与单元话题内容紧密相关,同一单元中的其他板块既有各自的教学目标,也为 Task 板块写作教学做了铺垫。二是,Task 板块有明显的过程写作要求。教材的编写循序渐进地强调了从写作的前期准备(如:定标题、设计框架、收集信息等)到文章完成的过程活动,明确要求通过同学互助、不断修改、教师指导等活动完成写作任务。

以下是一个重视写作过程的写作教学案例,教学内容是译林版《英语》八上 Unit 3 的 Task 板块。

**Step 1:头脑风暴,激活内存**

T:Would you please tell me the places of interest in our hometown, when and how we can go there and what we can do there? The more, the better. Work in pairs, please.

**Step 2:有效输入,模仿表达**

T:Can you make a trip plan for yourself?

S1:Sorry. I don't know how to make it.

T: Don't worry. Now let's read Kitty and Daniel's plan. Maybe it will be of some help to you.

(学生阅读教材 Part A)

T: How many parts are there in their plan?

S2: Three parts.

T: What are they?

S3: They are Time, Place and Activity.

T: Great! You got it. Now please make your plan with the help of Kitty and Daniel's plan and the steps below.

Ss: OK!

**Step 3：完成文本，了解篇章**

T: Let's help Kitty and Daniel to complete the letter.

(学生完成 Part B)

T: Let's look at the invitation letter and speak out the eight parts in it.

Ss: OK. They are Date, Name of receiver, Purpose of this letter, Plan, Cost, Instructions, Closing and Signature.

**Step 4：小组合作，丰富表达**

T: Could you use different ways to express time or transportation? Please work in groups and write down as many sentences as possible to express the same meaning.

(小组讨论交流，写出不同的表达方式，并向全班展示，例如：

It will take us about one hour to ....

We'll be in ... for about one hour.

We'll be in ... from 10 to 11 o'clock.

We'll spend one hour at ....

We'll go to ... by bus.

The bus will take us to ....)

**Step 5：同伴互助，构建段落**

T: Now work in groups. Each of you can choose one place you

want to visit best and write down a paragraph that will tell us when and how you'll go there and what you can do there.

**Step 6：教师指导，完成初稿**

T：Now put the paragraphs of your group together in regular order and try to write an invitation letter.

♦ 案例反思 ♦

重视写作过程具有以下积极作用：

1. 有利于写作能力的共同发展

英语大班授课过程中，普遍存在着两极分化现象，在英语写作教学中这一现象表现得尤为明显。许多教师在写作教学的过程中往往较多关注少数写作能力较强的学生，写作能力不强的学生则很少获得机会。长此以往，写作能力不强的学生会失去写作信心。过程取向写作教学模式注重写作教学的渐进过程，强调同伴合作，主张文章在修改中不断完善。因此，不同写作能力的学生，都能够在写作的不同阶段有所收获、展现自我。写作能力较弱的学生能够在同伴合作的过程中获得较为宽松的表达空间，从同伴处获得更为对症的帮助，缓解焦虑，增强信心。写作能力较强的学生也会在文章不断修改的过程中真切地感到学无止境。这样的模式可以使不同层次的学生在写作教学的过程中，在不同层面上共同发展。

2. 有利于综合技能的全面提高

在过程取向写作教学模式的实施过程中，写与听、说、读的技能密切相关。通过听，学生有选择地获取写所需要的相关信息；将说和写结合起来，可以有效地训练学生语言的准确性和思维的严密性；读、写能力紧密相关相互促进，读为写提供知识储备和模仿样本，写作能力的提高反过来又会促进学生阅读能力的提高。写前阶段开展的大量视、听、说、读等活动在为写做铺垫的同时，也有效地推动了学生综合技能的发展。另外，培养学生写作能力的过程也是锻炼和培养学生思考能力、认识能力的过程。在写作教学过程中，学生不仅要学会陈述一件事，还要有分析、归纳、概括的能力，要学会清楚地、有条理地阐述问题，这些都是对学生思维能力的有效培养。

3. 有利于课堂教学方式的改变

传统的初中英语写作教学方法以教师讲解写作步骤和要点,课后学生独立完成写作任务为主要形式,这样的教学方法很难改变以教师为中心的课堂教学模式。英语教师的教学行为会受到教学模式的影响,有什么样的教学模式,就会产生什么样的教师教学行为。采用过程取向写作教学模式有利于调动学生参与写作活动的积极性,学生能够以多种形式参与不同写作阶段的活动,这样的模式对于改变教师的教学行为和课堂教学方式也起到了积极的推动作用,有利于实现《课标》提出的"课堂教学活动要面向全体学生,突出学生主体,尊重个体差异,为学生全面发展和终身发展奠定基础"的要求。

我们在采用这样的写作教学模式时还需要注意以下几个方面:

1. 需要依托教材

教材是实施课堂教学活动的主要依托。基础教育阶段,完成教材规定的教学任务是学校课堂教学活动的主要内容。与教材内容相脱离的教学模式难以提高学生的写作能力。尽管初中英语不同教材的编写体例不尽相同,但教材中都会含有以培养学生写作能力为主要目的的板块。教材内容为学生针对某一话题的写作提供了词汇准备和写作方式方法的参考,这些对学生积累相关词汇和表达方式会产生显著的作用。将过程取向写作教学模式与教材中写作教学板块的内容有机结合起来,有利于教师在日常教学中不断实践探索,也有利于学生写作能力不断提高。

2. 需要明确目的

过程取向写作教学模式中的每一个教学环节都应该为学生完成写作任务、提高写作能力服务。过程取向写作教学过程也包含听、说、读等多种语言活动形式,如果将这些活动的目的单纯定位于发展学生听的能力、说的能力和读的能力,那就会偏离写作教学的主要目的。例如,译林版《英语》初中教材中 Reading 和 Task 两个板块中都含有语篇阅读,前者语篇阅读的主要教学目的是为了发展学生的阅读能力,后者的语篇阅读主要是为了给学生提供写作帮助和示范。如果教师采用与教前者完全相同的方法来处理后者,那就会偏离过程取向写作教学模式的初衷。写作教学过程中的每一个活动都应该成为学生通往成功写作之路的阶梯,通过一系列的阶梯实现过程取向写作教学的最终目的。

3. 需要阶段侧重

尽管写前、初稿和修改三个阶段教学活动的目的都是为了培养和发展学生的写作能力,但三个阶段的侧重点各有不同:写前阶段应该强调语言的大量输入和激活学生的已有知识,如果在这一阶段就要求学生进行书面表达,则会欲速而不达。初稿阶段应该以学生笔头实践和帮助学生理清篇章结构为主,如果在这个阶段仍然停留在大量的"头脑风暴"一类的活动中,学生就不可能通过自身的笔头实践写出文章的雏形。修改阶段的主要任务是提升学生的写作技巧,使学生的文章更趋完善,如果这一过程中缺失同伴之间的互评和教师的引领,必然会有碍学生写作能力的进一步发展和提高。过程取向写作教学模式既是一个有机的教学活动整体,又有明确的阶段侧重要求,这样的阶段侧重有利于教师循序渐进地提高学生的英语写作能力。

## 二、发挥强势协同

Atkinson等人对协同做过界定,他指出,"协同是人类心智和身体与外部世界互动、协调并动态适应身边环境的复杂过程"。在语言教学过程中,我们把采用正确的教学方法与正确的语言形式协同,称为"强势协同",反之,则为"弱势协同"。王初明(2010)认为,协同决定语言学习效果,协同是第二语言能被习得的关键,强势协同能够对语言学习产生积极的影响。初中英语教材中含有丰富的词块、句子结构、表达方式,教学过程中,教师可以有意识地将其强化并引导学生与其协同,达到提高学生书面表达能力的目的。以下是在英语教学过程中,教师努力发挥强势协同,提高初中学生写作能力的几个案例片段。

1. 与教材中的词块协同

教材中含有大量的词块,它们常常由学生熟悉的单词构成,因为受到语法结构和语义搭配的双重限制,教师需要在教学过程中,利用学生熟悉的单词和已经了解的语境,引导学生与之协同。这样学生就容易接受这些词块，也容易在书面表达时"即取即用"。如：way→by the way；word→in a word；opinion→in my opinion；suggestion→put forward a suggestion；hand→on the other hand, give you a hand；have→have a walk，have a rest，等等。

2. 与教材中的结构协同

教材语篇中含有丰富的语言运用结构，教材中的 Grammar 板块也将很多常见的句子结构进行了归纳。如：译林版《英语》八上 Unit 2 的 Grammar 中的 more...than，fewer...than，less...than，the most，the fewest，the least 等。教师在教学时容易出现语篇教学过程中过多地强调语篇的表意理解，缺乏对这些语法结构的讲解，在语法讲解过程中又一味强调这些结构的语法规范，忽略它们在语境中的表意功能的现象，从而导致学生在书面表达的过程中很少能够举一反三地运用这些句子结构。要使得学生与这些结构强势协同，教师需要将这些结构的表意特点、语法规范融于一体，并创造语境引导学生将其恰当地运用于自己的笔头表达之中。例如，在译林版《英语》八上 Unit 2 的 Grammar 的教学过程中，教师可以通过图片为学生创设一个 Millie, Kitty, Daniel 在用餐的语用环境，要求学生在语境表达中恰当地使用上述结构，引导学生做出如下笔头表达：

Millie has more tomatoes than Daniel.

Millie has less rice than Daniel.

Millie has fewer bananas than Kitty.

Kitty has the most eggs.

Daniel has the fewest tomatoes.

Millie has the least juice.

……

3. 与教材中的表达协同

以译林版《英语》八上 Unit 3 A day out 为例，关于外出旅游，学生缺乏的不是写作的内容，而是用英语笔头表达的形式。单元话题中出现了多处外出旅游这一语言情境模式中的习惯表达形式。教学中教师应引导学生关注：

提出旅游建议可以用"Why don't you go to...?","Let's go to... and then play..."等；

叙述旅游缘由可以用"Mr Wu invited me to join their school trip to...","I want to visit/see...","It's a beautiful building with a big garden..."等；

描述旅游经历可以用"The trip from... to... took about two hours by coach.","Finally, we arrived at..."等；

表述旅游感受可以用"It was a great day but we did not enjoy it at the beginning.","I felt sick for most of trip. I did not feel sick any more.","We became very excited when we saw..."等。

这些表达在有关旅游的情境模式中常常出现，它们既相对固定，在遇到更为具体的情境时又可以灵活变化、拓展。当学生融入旅游这一语言情境模式时，就会对这些表达产生兴趣，就会在内需的驱动下将其内化为自身的笔头语言表达能力。这对于初中学生形成用英语笔头表达旅游这一话题的能力极为有益。

教学中，为了实现初中英语写作教学过程中的强势协同效应，在设计教学活动时，教师需要通过语言活动环节的设计，调动学生参与语言学习的积极性，激发学生主动启动协同，把教材中的内容内化为自己书面表达的能力。

在强化发挥教材内容强势协同的同时，教师还可以引导学生与课外阅读协同，丰富、完善语言表达。为了强化学生作文与课外阅读的协同，可以采用阅读后续写的练习方式。这种练习方式可以有效地促进写作与阅读的强势协同。为了续写，学生不得不更为认真仔细地阅读语篇材料，如果学生不能真正读懂给出的语篇部分，就无法构思出需要续写的内容。为了理想地表达出续写内容，在续写过程中，学生会自觉地去模仿运用语篇中出现的一些词汇的用法和表达的方式方法，以减少自己表达中遇到的困难。采用阅读后续写的练习方式时，需要注意以下两个方面。

1. 语篇的选择

语篇的选择与学生是否愿意续写、是否能够很好地完成续写任务关系紧密。语篇需要有有趣的情节和美感,有趣的情节能够吸引学生的注意力,具有美感的内容容易影响和熏陶学生。内容要尽量与学生的认知能力和生活经历相关,超出学生的认知,远离学生的生活,学生就无法写出贴切的内容。

2. 要求的设计

续写这一练习形式并非意味着无须设计。受中考书面表达影响,有些教师要求学生将续写内容控制在 100 个词左右。其实,续写不是考查书面表达能力,学生能力强弱不等,能者多写,弱者少写,只要有利于学生写作能力的发展,不一定拘泥于词数的多少。

在发挥强势协同的同时,教师还需要有意识地防止弱势协同在写作教学中的负面效应。弱势协同不利于初中学生写作能力的提高。教学过程中常见的弱势协同有以下两种:

1. 过度改错

长期以来,教师批改学生的作业,指出学生作业中的错误,学生做作业,订正作业中的错误占据了英语教学过程中的大量时间。为数不少的师生认为,改错是初中学生英语学习的重要途径,是英语书面表达能力提高的必经阶段。越是责任心强的教师,批改学生作业中的错误越认真仔细,频率也越高。学生也希望教师尽量多地为自己指出或纠正错误,他们认为,订正的错误越多,学到的语言知识就越多,语言能力提高就越快。而从协同角度看,过度改错不利于初中学生写作能力的提高,容易导致弱势协同效应。初中学生的英语语言基础知识还较为薄弱,如果反复接受错误语言形式的刺激,他们在获得改错经验和技巧的同时,这些错误的语言形式也会在记忆中留下难以抹去的印象,在以后的书面表达过程中,这些潜在于学生意识中的错误语言形式就有可能下意识地在学生的作文中表现出来。

2. 滥用同伴批改

同伴批改是现在初中作文教学过程中的一种常见形式。教师采用这一形式的目的是为了调动学生参与写作教学活动,充分体现以学生为主体的课堂教学意识。对于初中学生的书面表达需要从语言形式、表达方式和逻辑过渡等方面进行分析评价,才能有效地提高学生的写作水平。仔细观察初中学生同伴批改的作文就会发现，他们批改的大多数内容只是作文中语言形式方面的错误，明显缺乏对表达方式和逻辑过渡方面问题的批改。从语言协同的角度看，就初中英语作文批改而言，大多数同伴之间笔头表达能力相差不大，很难为对方提供强势协同。

## 三、提高反馈效益

教学中我们发现，一成不变的口头评讲或笔头批改学生的写作练习对于学生写作能力的提高作用并不明显。以下是教师为了提高学生书面表达反馈效益采取的几种干预做法。

1. 语言形式干预

针对学生书面表达中出现的典型错误再次进行强化修正训练，帮助学生形成正确的语言感觉。例如，改正下列句子：

Teenagers should at home go over their lessons.

（应为：Teenagers should stay at home to go over their lessons.）

Don't worried! I will help you.

（应为：Don't worry/Don't be worried! I will help you.）

Who will instead of Miss Li to give us English lessons?

（应为：Who will give us English lessons instead of Miss Li?）

2. 表达方式干预

（1）选词填空，用以训练学生准确用词。例如：

_____ (Our；We) teenagers should go out with our friends for fun _____ (so；so that) we can _____ (rest；relax) more.

（2）一句多译，用以培养学生表意能力。例如：

I don't think he is strong enough to be a good player.

I think he's too weak to be a good player.

In my opinion, he is not so strong that he can't be a good player.

In my opinion, he is not strong enough to be a good player.

（3）佳句积累，用以克服学生的思维定式。例如：

I can balance my studies and sports.

He likes teaching and his family are all teachers.

They should have enough time to have a good sleep.

I might get injured while playing.

3. 逻辑过渡干预

(1) 为主题句选择正确的支撑句。例如：

I think we teenagers should go out with our friends.

    a. It's helpful for us to share ideas with each other.

    b. We love playing football very much.

    c. We go out with our classmates every week.

    d. We can take some exercises together to keep fit.

    e. Parents want to know us more.

    f. It can relax us.

(2) 连接词强化训练。一是，给出词汇（包含连词），让学生连词成句；二是，给出多个简单句和多个连词，要求学生将其组成复杂的句子；三是，用连词填空，完成语篇。

初中学生掌握了一些规则，但还不够全面系统，在使用过程中容易出现过度泛化规则（如，学习了名词复数-s 的规则，过度泛化出了 familys，foots 等错误），错误套用规则（如，学习了 ask/tell/order sb. to do sth. 的用法，错误套用出了 let/make sb. to do sth.），非完整运用规则（如，学习了宾语从句应用陈述句语序的规则，写出了"My father didn't know where we go."这样的宾语从句语序正确但时态错误的句子）等语内错误，这类错误主要是因学生知识结构的缺陷而引起的。不同学生的知识结构缺陷各不相同。

总体说来，在英语写作教学过程中，为了提高学生书面表达的能力，教师需要不断探索提高书面表达反馈效益的方法和途径。上述干预具有以下几个方面的优势：

1. 有利于激发学生的写作积极性

在这样的反馈练习过程中，教师通过训练阶段针对性的干预练习，引导学生找到自己在写作中存在的问题，同时，发现自身的发展潜能，并通过训练提升写作成绩。这无疑会极大地激发学生英语写作的积极性，实现《课标》提出的要求：通过评价，使学生在英语课程的学习过程中不断体验进步与成功，认识自我，建立自信，促进学生综合语言运用能力的全面发展。

2. 有利于提高师生的互动效益

在传统的英语写作教学过程中，教师向全班学生反馈学生写作中出现的错误，要求全班学生完成同样的修正练习，对于学生而言，他们无法弄清教师反馈的哪些错误是针对自己的，因而无法做到自始至终注意教师反馈的每一个错误。根据不同学生作文中出现的不同错误给予针对性的干预互动，这样的互动指向明确，容易集中学生的注意力，能够给予学生明显的成就感，也就能够发挥出更佳的互动效益。

3. 有利于促进评价与教学相结合

评价反馈是英语教学过程中不可或缺的环节之一，与教学相互关联、相互促进。上文的评价反馈从传统评价的关注结果转变为关注过程，在反馈评价过程中，引导学生与自己比较，发现自己的不足所在，最大化地挖掘自身的潜能。同时，这样的评价反馈要求教师尊重不同学生的个体差异，面对不同的学生采用不同的教学干预方法。这样，评价与教学有机地结合在一起，能够有效地实现评价反馈为英语教学服务，为学生的发展服务。

显然，上述反馈练习对于学生提高写作能力更为直接有效，但是，在实施这样的干预性练习前，教师需要进行更为细致具体的分析。首先，要将学生书面表达中的错误进行分类归纳。语言形式、表达方式和逻辑过渡是初中学生在书面表达过程中需要关注的主要方面，但是不同的学生所欠缺的方面不尽相同。对不同的学生实施不同的针对性干预练习，才能收到明显的效果。再者，干预性练习的设计既要与学生所出现的差错相关，也不能与之完全相同。不相关，通过干预性练习，学生看不到自己写作能力的提升；完全相同，又会成为单纯的改错练习，也不利于学生写作能力的提升。

**参考文献**

王初明. 2010. 互动协同与外语教学[J]. 外语教学与研究(4)：297—299.

## 细节 8

# 关于单元复习课教学

### 细节阐述

单元复习课,有时也指单元专题复习课,是单元整体教学的最后阶段,它起着总结提升的作用。教师引导学生对单元专题进行复习,目的是深化单元主题,掌握单元学习规律,内化知识结构。然而,当前中小学英语单元复习课教学存在的问题很多,胡庆芳(2010)将其概括为以下几个方面:第一,巩固以简单重复为途径,生成性偏低。在复习课上,许多教师往往简单重复新授课上所教的内容,教学方式没有新意,课堂上学生所学知识缺乏新的生成。第二,复习以试题练习为手段,趣味性不强。许多教师在复习课上采用的方法单一,基本以做题的形式来检查学生是否掌握了已学知识,机械性较强,学生缺乏学习兴趣。第三,设计以功能分割为取向,综合性不够。许多教师在对复习课进行教学设计时,往往把听、说、读、写等功能割裂开来,对语言的综合实践能力不够重视。

单元复习应注重整体提高学生的知识和能力水平,要调动学生积极参与复习,提高复习的有效性。现代语言教学呈现"综合"的趋势,提倡整体语言教学(Whole Language),并提出主题式教学(Theme-based Teaching)的思路。在整体语言教学过程中,一个主题概念多角度、多层次、多形式地反复重现,这样的语言活动能够促进学生把自己掌握的知识和经验与要完成的学习任务有机地结合起来，使新旧知识在头脑里形成网状记忆、网状联想，从而优化学习效果。基于单元整体角度来确定教学，就是从单元话题的整体角度来确定教学目标，创设教学情景和设计教学活动。在单元复习课教学中，围绕话题对知识和能力进行整合复习和训练，符合教材、学情和评价的实际，值得英语教师尝试和探讨。

## 一、课型定位要清晰

杨安芬（2014）指出，英语单元复习课应力争做到以下几点：第一，分清复习内容的主次。一些教师在复习课中把教材呈现的所有内容简单地"回放"了一番。这样的复习课与新授课比没有本质的变化。教师应该围绕复习话题的重点语言知识和语言技能目标设计复习课，让每一节复习课重点突出、详略得当，让学生得到应有的提高，发挥单元复习课应有的功能。第二，明确复习难点。除了让学生在重点语言知识和语言技能的掌握方面有所加强之外，复习课更应帮助学生在难点方面有所突破。因此，教师在复习课中要对症下药，让复习课成为学生释疑解难、自我突破的好平台。第三，单元知识体系化。不少教师在复习课中忽略对已学知识的系统梳理，在语言知识的呈现方面仍然以个例为主，对知识的掌握依然停留在"碎片化"状态，没有形成完整的知识结构体系。这不利于提高单元复习的效果，不利于使学生的认知从量变上升到质变。

### ➣·典型案例·≺

授课教师执教内容是译林版《英语》九上 Unit 6 TV programmes 的单元复习课。整个单元的内容结构是：① 话题导入：Types of TV programmes；② 材料阅读：Saturday's TV programmes；③ 语法讲解：Using "if", "unless"；④ 技能整合：Integrated skills（TV viewing habits）；⑤ 学习技巧：Study skills（How to read a newspaper）；⑥ 写作任务：Task（Creating a TV drama script）；⑦ 检查反馈：

Self-assessment。

授课教师设计了以下 7 个复习环节：① 复习各种电视节目类型；② 学生谈论自己最喜欢的电视类型；③ 完成一篇关于电视节目的阅读理解；④ 学生谈论自己的看电视习惯；⑤ 使用 if 和 unless 谈论过度沉溺于电视节目的不良后果；⑥ 完成一篇有关 couch potato 话题的短文填空；⑦ 学生谈论如何更合理地观看电视节目。

◆ 案例反思 ◆

在本案例中，不难发现课堂上简单重复的现象和机械练习的痕迹比较明显。该课①、②、④、⑤、⑦五个复习环节基本上停留于新授课内容，内容处理方式也类似于新授课；而③、⑥两个复习环节局限在做题的层面。另一方面，从本案例中很难获知本节单元复习课的重点是什么，难点是什么，单元知识体系又是什么。如果把这些问题抛给授课教师，答案估计也是不得而知。

笔者认为，授课教师对单元复习课型的定位不清晰是上述问题产生的主要原因。在开展教材解读时，下列思考问题可以帮助教师整体把握单元话题意义，整体设计单元语境，以及梳理单元复习目标，复习项目，复习文本和复习方法（王珏，2015）。

解读教材单元话题时需要思考：① 教材语篇反映了哪些话题意义？② 教材图片提供了哪些语境？它和单元话题的关系是什么？③ 话题意义的设定是否符合学生的知识水平、社会认知以及生理特点？

解读教材单元板块时需要思考：① 教材核心板块的核心语言项目有哪些？② 教材核心板块和非核心板块的具体学习要求是什么？③ 教材板块内容哪些可以作为复习文本，哪些可以作为教学活动？④ 教材的哪一板块是单元需要完成的语言实践任务？⑤ 单元各板块如何有序统整，成为各课时的教学目标？

## 二、板块内容要齐全

各地新教材的一个共同特点就是单元板块性强,以单元为话题,以板块为载体,形成了一个以单元为主线的任务链,各板块互相关联,构成一个有机的整体。需要指出的是,英语单元复习并不是各个教学板块的简单相加与生搬硬套,对板块的处理也不可仅仅停留于形式,板块之间却毫无关系。教师要了解各个板块在单元教学中各自承载的不同作用,充分挖掘板块功能,根据学生的认知特点,遵循学生语言发展、认知的规律,将单元内各板块合理规划,有效完成单元知识的输入和输出,最终实现复习教学效益的最大化。

在英语单元复习课中要保证各种技能板块齐全,教学内容上就要体现其综合性。初中英语复习教学时要以话题为主线,教学设计应综合考虑语法、词汇、功能—意愿、情景和任务等与语言学习有关的因素,并使这些要素彼此建立联系,比如语法知识与技能相结合、任务与功能相结合。要以语篇的阅读带动词汇和语法的巩固,将词汇和语法的复习放在语境中进行,从而实现词汇、语法复习与语篇理解同时进行的综合效果;使话题贯穿听、说、读、写活动,在活动中提高语言运用能力。

▶·典型案例·◀

教学内容:一节关于"Friendship"的单元主题复习课(黄海丽,2013)。

教学设计:授课教师以话题为主线,以语篇为依托,采用了听、说、读、写四位一体的模式,将本节课设计为环环相扣的三个环节。

1. 教师引出本单元有关友谊的话题,激活学生的已有知识,让学生回忆有关友谊的知识内容,自然过渡到一段有关友谊的采访材料,并开展听力训练,指导学生通过辨别说话人的语气、语调来判断其意图、情感态度,并根据语境来推测一些生僻词汇的意思。

2. 教师从听力材料中提炼出本单元中的部分高频词汇和句型,让学生借助语篇对这些已学语言知识进行回顾,并通过分组讨论、范文欣赏,使学生整合、运用、内化和吸收学习过程中新生成的知识。

3. 教师让学生围绕友谊的话题作深入探讨和交流,之后写一篇有关友谊的文章,并指导学生如何谋篇布局、组织行文结构,以使文章语言优美、内容丰富,真正达到通过单元复习课提高学生综合语言运用能力的目的。

◆ 案例反思 ◆

在本教学案例中,授课教师紧紧围绕单元主题,有针对性地、有侧重地对语言知识进行拓展和提升,帮助学生整合新旧知识,重新构建知识体系,促进语言的积累和运用以及学生综合语言运用能力的不断发展和提高,而不是单纯地反复操练语言点,仅停留在"温故"的层面。

在整个教学过程中,授课教师按照预设的目标,围绕单元核心话题,依托语篇,通过形式多样的教学方法,引领学生一步步去达到每一个目标,一步步去提升每一项技能。无论是通过采访材料进行听力训练,还是围绕友谊话题热情深入探讨,无论是鼓励学生范文欣赏,还是耐心开展写作指导,在整个教学过程中的每一步设计中,授课教师都能做到"心有学生","心有目标","心有技能"。一言以蔽之,这节单元复习课是完整的、综合的、齐全的一节课,它真正做到了站在单元的高度,上出一节有"单元味"的复习课。

另外,这种完整与齐全,还表现在授课教师始终围绕单元话题展开语言活动。从导入环节让学生谈论他们的朋友及其对友谊的认识,到听力训练时选择有关友谊的听力材料,再到语言回顾和运用环节围绕友谊展示,最后到以友谊为主题进行写作,这样的教学设计活动主线非常清晰,每个环节的活动都围绕单元主题设计,在活动中依托教材中的语篇,让学生由浅入深地不断吸收知识,运用知识,积累素材,并在课堂的最后环节实现语言和内容的有效输出。

## 三、语用情境要统一

一般而言,教材的每一个单元都有一个明确的主题,这个主题就是每个单元中各个板块之间的衔接点。在单元复习教学中,教师必须抓好单元主题并确立明确的单元主线。有了这个清晰的教学主线,教师在课堂上可以开展系列化、多元化的教学活动,同时,多种形式、多种内容的活动都是围绕主线展开的,活动过程中环环相扣、有条不紊,有效地帮助学生从整体上把握语篇,使得教学具有深度和广度。然而,在平日的听课中,笔者发现有的教师因为缺乏清晰而明确的单元主线,最后导致教学思路紊乱,课堂教学陷入僵局。

单元主线一旦清晰,围绕主线设计的语用情境就容易做到统一。关于情境的"统一"有两点需要说明。首先,单元复习教学中的语用情境贵在创新,忌讳"故地重游"。"统一"并非"同一"。教学中经常可以发现,一些教师非常注重新授课的语用情境创设,而对复习课的语用情境创设则不以为然。他们认为只要对语言知识和语言技能的训练进行巩固就行了,有的教师甚至直接以做练习题了事。然而,在复习课中仍然呈现同样的情境,使学生的语用活动仅仅停留在机械重复的层面,学生的语用能力没有得到新的发展,"故地重游"的复习只会让更多的学生丧失参与的欲望,让复习课陷入沉闷低迷的尴尬境地。因此,复习课应该给学生创设一种高效运用语言知识和语言技能的情境,点燃学生的思维火花,让学生的语用能力得到进一步的巩固和提升。

其次,构思复习课的整体情境,应避免"杂乱无章"。"统一"意味"整体"。另一个常见的现象是,为了让学生在情境中运用所学的语言知识和语言技能,一些教师也在复习课中创设了多种多样的语用情境。可惜的是,这些情境往往各自为政,相互独立。学生可能一时感觉比较新鲜,但过多的情境呈现会把他们的注意力吸引到精彩纷呈的情境方面,而忽略了基于情境的语用要求。况且,对学生来说,支离破碎的情境呈现也可能是过眼云烟,其间的语用活动难以给学生留下深刻的印象。因此,教师要积极构思复习课的情境,让有限的复习课给学生留下长久的记忆，促进学生对知识和技能的巩固。

## 典型案例

"问路"话题是中小学英语教材中较为常见的单元内容。本案例中授课教师在有关本话题的复习课中创设了近乎真实的自驾游情境（见下表），让学生的情感态度、学习方法、语言知识、语言技能等在故事发生、发展、高潮和结局中都得到了有效提升（杨安芬，2014）。

| | | | | |
|---|---|---|---|---|
| 自驾游某地某主题公园 | 出发前 | 1 | 查阅地图，了解该地区的方位和主题公园的方位 | 复习东南西北等方向的表达 |
| | | 2 | 根据不同交通方式的利弊，讨论坐公共汽车还是自驾游去 | 复习交通方式的表达 |
| | 路途中 | 3 | 途中所见所闻 | 复习日常道路交通的标志 |
| | | 4 | 看图选择到主题公园的最佳路径 | 复习路线的表达 |
| | | 5 | 道路遇阻，向交警询问改道方案 | 复习问路对话等的表达 |
| | 到达后 | 6 | 听读各主题活动区的介绍，自主选择活动区 | 复习相关场所和内容的表达 |
| | | 7 | 分散前往目的地，根据公园地图自主创编与"园内员工"的问路对话 | 对话综合运用 |
| | | 8 | 尽情玩耍（PPT呈现真实画面） | 让学生尽情表达自己的心情 |

♦ 案例反思 ♦

在本教学案例中，授课教师在语用情境创设方面很好地做到了"创新"与"统一"。在"自驾游某地某主题公园"这个统一的大的语用情境下，授课教师巧妙地设计了与"问路"密切相关的若干小情境：查阅地图、讨论交通方式、描述途中所见所闻、选择主题公园、询问交警等。这一系列小情境按照"时间"线性往前发展,每一个语用情境旨在复习特定的与"问路"相关的学习内容,如:方向、交通方式、交通标志、路线等。更巧妙的是,学生在虚拟的"自驾游"中"尽情玩耍"的过程,也正是他们高效地复习整个单元重点内容的完整过程。

综上所述,在单元复习的阶段,教师千万不可再用"炒冷饭"的形式,强行将知识点灌输给学生,而应该在坚持"单元主线"的前提下,不断创新统一的单元复习情境,以话题为依托,把语言知识的复习和语言技能的训练、情感价值的理解、文化意识的体验和学习策略的培养有机融入其中,在提高学生认知能力的同时,促进其综合语言运用能力的提高(戴军熔,2010)。

### 四、语篇意识要先行

语篇是指任何不完全受句子语法约束的在一定语境下表示完整语义的自然语言。作为语用单位,语篇在形式上可以表现为一个词、一个词组、一个句子、一个段落、一篇文章乃至一部作品。语篇意识是一种教学思想和理念,是促进语言知识向语言能力转化的保证,它不受制于语言材料的篇章性质,常运用于日常教学,运用于不同类型的教学材料,运用于词汇、对话、故事、读写等教学过程(王婷,2012)。在单元复习教学中,教师应基于语篇教学的整体意识考虑,把语言作为整体来学习。教师应采取多种教学策略,设计出有别于教材文本的新语言材料,丰富文本的内涵,以便学生在新的、有意义的情景中习得语言知识,实现与教材文本的有效对话,落实教学目标,达成课堂的有效教学。

#### ➤ 典型案例 ◄

"旅行"作为与"问路"相关的话题,是中小学英语教材中又一常见的单元内容。林洁璇老师在该话题的单元复习中,设计了如下三大教学环节:

**环节一:猜一猜**

情景设置:在刚刚结束的小长假中自己度过了一次难忘的旅行。

教师鼓励学生猜测这次旅游老师去了哪里、乘坐什么交通工具、做了什么事情等。

T：Where did I go on my holiday?

S1：Did you go to...?

T：Yes, I did. /No, I didn't.

T：How did I go there?

S2：Did you go by...?

T：Yes, I did. /No, I didn't.

T：What did I do there?

...

学生猜完后，教师给出一个完整的语篇（该语篇只让学生听）：

It was July last year. I went to Hainan by plane. I got there on July 1st. I visited my aunt. I lived in my aunt's home. On the 2nd, I played with water. I tried to dive into the sea. On the 3rd, I shopped for new things. On the 4th, I ate sea food and coconuts. I had a good time.

接着教师引导学生回顾：刚才我们用了什么时态来猜测、来描述？为什么要用一般过去时？

然后，教师呈现刚才的语篇，空出动词，让学生说说应该填什么。以此复习动词过去式的变化。

It was July last year. (is)

I went to Hainan by plane. (go)

I got there on July 1st. (get)

I visited my aunt. (visit)

I lived in my aunt's home. (live)

On the 2nd, I played with water. (play)

I tried to dive into the sea. (try)

On the 3rd, I shopped for new things. (shop)

On the 4th, I ate sea food and coconuts. (eat)

I had a good time. (have)

最后,教师通过PPT向学生演示动词过去式的变化,并引导学生归纳总结动词过去式的五种变化,以及常用于一般过去时的时间副词。

**环节二:说一说**

学生小组内讨论自己过去的一次旅行。

**环节三:写一写**

学生写一篇关于自己上次旅行的作文。

◆ 案例反思 ◆

与典型的"从局部到整体"的教学模式(即:先复习动词过去式的变化,接着回顾过去的时间状语,再运用过去时来做语言活动)不同,本教学案例遵循"从整体到局部"的教学模式开展教学:从猜测老师上次度假去了哪里开始,接着通过老师上次旅行的语篇复习动词过去式的变化,再用头脑风暴复习过去时的时间,最后由"教师的旅行"转变为学生说并写"自己的旅行"。整节课一气呵成,从语篇开始,到语篇结束,并以语篇带动全课,看似朴实无华,实则务实有效,真正地把复习课上到了实处。

本案例是"以写促学法"在英语单元复习课中的应用的一个示范。这种语篇意识先行的单元复习方法通常的做法是:以写作任务为突破口,带动学生复习单元目标语言项目,从而激活学生的已有知识,激发学生的写作热情,提高学生的综合语言运用能力。

与本案例以写作任务驱动语法项目(时态)的复习有所区别的是,另外一种常见的单元复习课型是以写作任务驱动单元目标词汇和句型的复习。

比如在复习译林版《英语》九上 Unit 1 Know yourself 时,某授课教师做了如下教学设计:

**Step 1 布置写作任务:2014年扬州市英语中考写作真题**

扬州将迎来建城2 500周年华诞。学校打算从你班招募一名志愿者,Jim和Jane是两名候选人,班上的A组同学推荐Jim,B组同学推荐Jane。假如你是班长,名叫Li Ping,你会推荐谁,理由是什么?请根据表格中的信息和要求给学校负责人吴先生写一封电子邮件,向他汇报具体情况。

| 观　点 | 理　由 |
| --- | --- |
| Group A 推荐 Jim | 1. 学习成绩优秀,经常受到老师表扬<br>2. 虽不多言,但…… |
| 1. Group B 推荐 Jane | 1. 学习成绩虽然一般,但……<br>2. 乐于在空余时间为班级做额外的工作 |
| 2. 你推荐…… | 1. 作为志愿者应该乐于奉献……<br>2. 请举例说明你所推荐的 Jim/Jane 的品质和能力 |

**Step 2　根据写作任务复习并激活单元目标语言**

学生根据写作任务在教师的指导下选择所需内容进行复习。根据写作任务进行复习可以使学生的复习更有目的性和针对性,能提高学生学习的积极性,学生主动思考的能力也会得到训练。要完成写作任务,学生就要在教师的帮助下,整合新旧知识,激活已有的知识,不断拓展构建自己的知识体系,通过自主复习,在语言活动的过程中不断重现与写作话题相关的词汇、句式、篇章结构,为写作打好坚实的基础。

**Step 3　完成写作任务,并选择同伴作品进行评价**

需要指出的是,单元复习教学中的写作任务与新授课中的写作训练并不完全相同。新授课中的写作训练重在培养学生的写作知识与写作技能,而单元复习课中的写作任务则多了一种功能——以语篇为载体,综合复习单元核心语言项目。另外,不同于新授课中写作训练的重在"模仿",复习课中的写作任务更强调"创新",它更加注重培养学生在一个完整的单元学习之后其综合语言运用能力方面的有所突破。

比如,某授课教师在"节日"话题单元的复习教学中,提议学生创造一个自己喜欢的节日,通过这样的写作活动和思想交流,提升了学生的语言表达能力(高鸿婷,2014)。

请根据下列要求完成一次英语写作:① 说明这个节日的时间;② 说明创造这个节日的意义;③ 说明这个节日的活动内容。

首先,授课教师向学生提供了写作范文:

[写作范文] I'd like this festival——" Exchange Day". It is on the last day of every month. On this day, all the students stay at home. They are the "parents". They cook dinner and do housework for their "children". And their parents go to study at school. Then parents and children can know each other better!

以下是学生的作品及教师的点评。

[学生作品1] I'd like this festival——"I am sorry Day". Why? Because we often do wrong things to others. We should say "I am sorry" to others, but sometimes we don't say it, because we are shy to do it. So on Dec. 31st, the last day of the year, let's say "I am sorry" to those people.

[教师点评]细腻的你,总能为别人着想!我们真的需要这么一天来结束我们无意中留下的误会!

[学生作品2] Chocolate Festival is our favourite festival. It's on Jun. 2nd. We can make everything with chocolate. We can sing and dance in a big chocolate room. Look, everything is chocolate there: the door is chocolate, the sofa is chocolate, and the bed is chocolate, and the computer is chocolate, too. We love chocolate!

[教师点评]甜美的女孩,纯真的巧克力梦,让我们童年的每一天都充满浓浓的"德芙"味儿!

**参考文献**

戴军熔. 2010. 基于话题的立体式语言教学的设计与实施[J]. 中小学外语教学·中学篇(1):6—12.

高鸿婷. 2014. 单元整体设计在小学英语教学中的运用[J]. 中小学英语教学与研究(8):15—16.

胡庆芳. 2010. 初中英语复习课教学有效策略的课堂实践研究[J]. 中小学外语教学·中学篇(8):8—12.

黄海丽. 2013. 高三单元复习课的有效性分析[J]. 中小学外语教学·中学篇(7):27—33.

王珏. 2015. 刍议小学英语单元整体教学设计[J]. 中小学英语教学与研究(1):24—28.

王婷. 2012. 强化"语篇意识" 锤炼高效课堂 [J]. 小学教学设计·英语(3):36—38.

杨安芬. 2014. 小学英语复习课的有效策略[J]. 中小学英语教学与研究(8):11—14.

## 细节 9

# 关于学习策略

### 细节阐述

"授人以鱼"不如"授人以渔"。英语教学既要帮助学生提升语言知识和技能，也要教会学生学习策略和方法。有效的学习策略有利于学生提高学习效率，发展自主学习能力，为终身学习做好准备。不少教师虽然认同帮助学生获得学习策略是英语教学的重要目标之一，但对学习策略包括的内容、学习策略影响英语学习的方式、培养学习策略的路径等还比较模糊。培养学习策略存在的问题值得广大英语教师关注。

《课标》指出，英语学习策略包括认知策略、调控策略、交际策略和资源策略等（教育部，2012）。学习策略的五级标准为：根据需要预习、集中注意力、记要点、借助联想学习和记忆词语、主动复习等认知策略；明确目标、制定学习计划、把握重难点、反思进步与不足等调控策略；与他人交流、抓住交际机会、交际中注重意思表达等交际策略；使用音像资料、使用工具书、利用图书馆或网络等资源策略。

《课标》关于学习策略的分类和内容描述非常具体，但教师需要进一步了解不同策略之间的关系，以加深对《课标》所列学习策略的认识，提高策略教学的效果。学习策略包括元认知策略、认知策略和社会/情感策略。三种策略不是相互割裂的。认知策略是具体的学习技能和方法，社会/情感策略调整学习过程中的情绪、态度，元认知策略管理、调控认知和社会/情感策略。三种学习策略运用时融为一体，完成学习活动。

英语教学要培养学生的学习策略，其主要内容就是培养学生的元认知策略、认知策略以及社会/情感策略。英语教师要结合学生母语学习经验和认知发展需求，重点培养学生运用学习策略的能力；要根据学生的认知特点和学习风格，整体安排学习策略的发展目标，有计划、有步骤地指导学生发展具体的学习策略（教育部，2012）。

## 一、认知策略的隐性渗透与显性指导

策略培训（训练）是培养策略的有效途径。从学习者的知情程度来看，策略训练方式有隐性训练和显性训练两大类。隐性训练通常不告诉学生所使用策略的名称和目的，主要是让学生在相关活动中自然学会某种学习策略。显性训练通常包括讲解策略的作用和运用时机、示范演练等。策略训练有助于鼓励学习者进行自我评价、自我引导的学习活动，因而能培养自主学习能力。也有学者认为策略分为集中培训（intensive training），如一般的学习技能课程、讲座与讨论、策略实习班、伙伴辅导、将策略编入教科书、微型录像课程等；融入性培训（integrating training），即在教学中融入策略培训；个别指导（individualized training）。策略培训宜采取融入性培训为主、其他培训为辅的方式（陈莉萍，2004）。

### ▶·典型案例·◀

译林版《英语》八下 Unit 1 的 Study skills 板块介绍了写作中用事实（Facts）支撑观点（Opinions）的技能。某教师首先呈现了课本中的几组例句：

Beijing is the capital of China.

Beijing is the best city in the world.

Many changes have taken places in my hometown.

The new shopping mall is a good place to have fun.

教师介绍事实和观点的概念以及作用，然后学生读 Part A 中的句子，判断其类型，进而完成 Part B。

♦ **案例反思** ♦

译林版《英语》初中教材每个单元都有 Study skills 板块,旨在培养学生的学习技能(策略)。教学该板块时,不少教师采取上述案例的方法完成教学任务,少数教师甚至会省略该板块的教学。一方面,部分教师仍以语言知识为纲设计学习技能教学,忽视学习策略的教学。另一方面,不少教师教学时只是按部就班地呈现策略知识,学生并未形成运用相应策略的意识和能力。对 Study skills 板块的简单处理显然不能有效培养学生的学习策略。

上述写作技能的教学案例属于显性训练,但缺乏学习技能的实战运用,这必然影响学生形成有效的学习策略。隐性和显性两种策略的训练应当有机结合,正如归纳式和演绎式两种思维方法的交替、互补使用,才能起到最佳效果。教学时,教师可先让学生在语言活动中运用某一学习技能(策略),感知、体会该技能(策略)带来的学习效果,如,在 Study skills 板块显性介绍该学习技能(策略)并再次尝试运用,在遇到新学习任务时有意识地运用该技能,使学习策略的教学与英语学习融合在一起。

上述案例中写作技能的教学可与单元其他板块的教学进行融合。

如,教学译林版《英语》八下 Unit 1 的 Reading 时,学生理解课文后,教师可以引导学生思考陈先生对阳光镇变化的观点以及原因:

T: What does Mr Chen think of the changes to Sunshine Town?

S1: He thinks life is better in some ways. It's nice to have a beautiful modern town.

T: Yes, but what makes him think so? Can you find some sentences to support his idea/opinion?

S2: "Now the government has turned part of the town centre into a new park."

"We have a new theatre and a large shopping mall too."

"Now the river is much cleaner."

教师进而引导学生体验 Facts/Opinions 写作手法起到的表达效

果,让学生对该写作技能有一定的感性认识。在 Study skills 板块教学时,可让学生回忆课文中这一写作技能的运用,进行显性的策略介绍。在教学 Task 板块时,教师可带领学生分析范文中该写作技能的运用。该范文中描写事实的句子偏多,表达观点的句子只是在文末出现了一次。教师可让学生就范文中变化的不同方面提出自己的观点,尝试对范文进行完善;在学生自己写作时,要求学生在文首、文中、文末各段落增加表达观点的句子,强化 Facts/Opinions 写作技能的运用意识和能力。

各种学习技能在教材中的编排是静态的,而学生的学习需求是动态的。教师要根据学生的需求灵活调整教学的内容。例如,上述案例中的写作技能在八上 Unit 1 Friends 的 Reading 板块中就有典型运用。教师就可把感知这项技能的任务作前移处理。授课时,教师引导学生注意作者介绍朋友的方法:先列出对好朋友的评价(Betty is generous. She is also helpful.),后再用事实支撑(She is willing to share things... she helps me with my homework and she always gives her seat...)。

译林版《英语》初中教材的 Study skills 板块系统编排了初中应掌握的语言学习技能和方法。要实现学习策略培养的目标,教师要做到显性指导与隐性渗透相结合,隐性渗透和运用多于显性指导。教师不能将视野仅局限于 Study skills 板块的教学,而要把培养学习策略有机融合、贯穿到整个英语学习过程中。这就需要教师把学习策略的培养作为教学目标之一,教学中认真研究教材和学情,规划学习策略培养并精心进行教学设计。教师既要根据教材编写顺序,在一定教学阶段重点进行某一学习技能的教学,又要根据学生的学习需求,跨板块、跨单元甚至跨年级灵活调整教学的时机和顺序。

## 二、情感策略的渗透与培养

英语教学要关注语言学习和情感策略的同步发展,把情感策略渗透到语言学习的过程中,在课堂内外对学生进行显性和隐性的情感策略训练。

🔖 典型案例 🔖

教学译林版《牛津初中英语》7A Unit 2 的 Reading 板块 Millie's school life 时,教师先结合学生刚进初中的实际设计了情感目标:

1. 通过谈论学校生活学会与新同学相处、互相帮助、理解(情感策略);

2. 借助课文话题和所学内容培养对新学校、班级的热爱之情。

课上,学生们运用 make friends, be nice/friendly/helpful to, help each other, a member of 等新词汇交流学校生活,增加了解与信任,缓解了新环境带来的焦虑。

♦ 案例反思 ♦

首先,确定合理的情感策略目标是有计划实施策略训练的前提。情感态度方面的目标应尽量与所学内容和学生实际紧密结合,使目标具有真实性、应用性和可操作性。教师可借助教学过程和教学内容隐性渗透情感策略,帮助学生形成积极的情感态度。

其次,在英语教学过程中,教师应关注学生的"语言自我",尽可能为学生提供情感支持,以积极的态度感染学生。教师要努力营造融洽、民主的学习氛围,缓解学生的紧张和焦虑,提高学生的学习效率,帮助学生建立自信心。

1. 导入注重激趣

兴趣可以让学生集中注意力,缓解紧张心理。课堂导入要考虑如何激发学生的兴趣,围绕课题的游戏、歌曲、自由会话、观看视频等都是有效方式。例如,教学译林版《牛津初中英语》7B Unit 4 Amazing things 第一课时时,根据单元"奇妙"的主题,笔者在上课时表演了一个小魔术,吸引了学生的注意力。学生在愉悦中感受奇妙,以积极的情绪进入了课堂。

2. 活动促进参与

课堂活动是学生学习语言的重要环节。活动设计既要注意循序渐进,又要具有探究性、挑战性。教师要设计以学生为中心的语言活动,考虑学生已有的水平,为学生提供话题(背景)和语言的支架,使学生乐于参与语言活动。例如,教学译林版《牛津初中英语》7B Unit 4 的 Vocabulary 时,学生要学习用 be crazy about,be fond of,hate 等词谈论对事物不同的喜恶程度。笔者设计了介绍宠物的交谈。

T:I like dogs. I often buy food for my dog. What about you?

Ss:I often take it for a walk. /I make clothes for my dog. /I sleep with my dog. /I help my dog have showers...

T:Oh,I can see you <u>really</u> like your dog. /Wow! You love your dog <u>so much</u>! /(*Showing surprise*)You are really <u>crazy</u> about dogs!

然后,让学生联句复述:... likes his dog. He often takes it... 复述中,学生根据照料狗的方式选用并体会表示不同的喜恶程度的短语。由于话题贴近生活,且教师搭好语言支架,降低了难度,学生积极参与谈论,在活动中体验到运用语言的成功感。

### 3. 评价迁移策略

评价可以培养学生的元认知能力,使其能够实施自主评价。传统的评价往往忽视情感因素,Vigil & Oller 提出认知反馈和情感反馈,前者针对信息的实际理解程度,后者传递师生在对话过程中动机、情感方面的互相支持。

比如,"Would you like to...? /Can you...? /You'd better.../Why don't you...?"等商量的语气的句式,体现对学生的尊重,使学生感到自己是学习的主人,其参与活动的心理状态会积极得多。简单的"Good! /Wonderful! /Great!"难以起到应有的激励作用,而"You listened carefully. /You are working harder these days! /Your grammar is better now..."则暗示了成功的原因,肯定了学生的优点,让学生变得自信,是有效表扬(Effective Praise)。

教师还应耐心等待学生自我纠错,也要教育其他学生学会聆听。教师应坚持引导学生进行互评、自评,长此以往,师生的评价会逐渐迁移为学生自己的情感策略。

再次,教师要善于借助不同的课型和学习内容,对学生渗透情感策略,让学生在语言学习中得到激励,并转化为自我激励的情感策略。

1. 词汇教学中的情感渗透

例如,学习 be sure, amazing 时,教师如此激励学生:

T: I believe you can do better next time. Are you sure?

S1/2/...: Yes. *I'm sure I can do better in* English/Maths/History...

T: Great. And I'm sure you'll like this sentence: "NBA, where amazing happens!"(NBA 宣传语)

然后学生把 NBA 换为自己小组的名称,既练习了词汇,又激励了自我。

2. 阅读教学中的情感渗透

结合课文内容向学生渗透对事物的认识方法、价值观,可以让他们意识到知识、能力、情感协调发展的重要性。例如,教学译林版《牛津初中英语》9A Unit 1 的 Reading 板块 Star signs 时,学生了解到不同星座的人有不同的个性,有的人为自己星座描述的优良品质而沾沾自喜,有的人则为自己没有好的星座而懊恼。教师引导学生讨论:Will people born under Aries surely be leaders? How can they succeed? 通过讨论,学生认识到没有随随便便的成功,优秀个性有助于成功,进而考虑如何完善自我的个性。此处,课外阅读材料、英文电影中也有不少好的励志故事,教师可抓住助学机会。

3. 语法教学中的情感渗透

语法教学中也有很多情感渗透的契机。例如,教学 can, must, should 等情态动词时,可以让学生就学习互相提建议:I/You/He/She must/should be more hardworking/confident/active. 而在练习"It's + *adj.* +of sb. to do sth."句式时,学生也学会了判断自己的行为与品质,并运用品质形容词互相描述、激励。

此外,英语课堂要经常开展小组活动,如讨论、表演、角色朗读、做海报等,让学生在活动中合作互助、互相激励,在运用中强化情感策略。

教师有计划地进行情感策略的渗透,可以促进学生保持积极的情感态度,形成一定的情感策略。学生在课堂会变得大胆发言,积极参加小组合作学习,学习成绩稳步提高,英语学习进入良性循环。英语教学中,情感策略要与其他学习策略共同使用,才能提高学习效率,逐步把学生培养成为有自主学习能力的人。

## 三、培养有自主学习能力的学习者

学习策略教学是教师在教学中显性指导和隐性渗透的过程,更是学生本人在运用中反思、调整的过程。学习策略教学的最终目标是培养有自主学习能力的学习者,教师需要培养学生的元认知策略能力,促进学生根据自身需要调整自己的学习。根据 O'Malley & Chamot 的观点,元认知策略是一种高层次的执行技巧,主要包括计划、监控和评价学习活动,体现了学生自主调控、运用学习策略的能力,因而是学习策略教学的最高境界。

➤• 典型案例 •◀

在阅读教学中,教师设计了阅读策略档案评价表,让学生记录各个单元阅读课上使用阅读策略的情况。

| 阅读策略 | 阅读效果 | 我的感受 | 改进措施 | 努力目标 |
| --- | --- | --- | --- | --- |
| 预测/猜词 | | | | |
| 主旨/细节 | | | | |
| 朗读/问答 | | | | |
| 推断/复述 | | | | |
| 表演/讨论 | | | | |
| 合作意识 | | | | |

◆ 案例反思 ◆

上述案例中,教师设计的档案评价表便于学生记录自己在阅读中运用阅读策略的情况以及效果,有利于学生在学习过程中进行自我监控、评价自己的阅读行为,通过提出改进措施、制定努力目标,有目的、有计划地调整并改进自己的阅读行为,最终形成阅读策略。

　　档案评价表有利于学生对自己的学习活动进行计划、监控和评价。一般而言,评价量表可根据需要使用三种形式:一是单元学习评价表,二是基于课时学习的自我评价表,三是基于某项具体学习技能的评价表或档案记载表(见上述案例)。Self-assessment 板块是译林版《英语》初中教材中带有的自我评价板块。在单元学习结束时,教师应引导学生按照评价表提示进行自我评价,获得学习成就感,发现存在的问题并解决问题。教师也可把单元教学目标细化为课时目标,设计学习目标与评价一体化的活页(见下表),作为学生学习过程中自主评价的依据。课时学习自我评价活页有利于学生在学习前形成一种自我期望,在学习后形成自我观察、反思、改进。自我评价活页的运用能增强学生自我评价、自我调控的意识,感受学习的成功,及时改进学习存在的问题,有效促进自主学习能力的发展。

**七上 Unit 7 学习目标与评价活页(＿＿ 月 ＿＿ 日一 ＿＿ 月 ＿＿ 日)**

| 课时/单元 | 学习目标(通过本单元或本课学习) | 自我评价与调控 |
| --- | --- | --- |
| Period 1 | 1. 能合作表演漫画,感受购物的快乐与烦恼;<br>2. 猜测同学喜欢去的商店;<br>3. 跟同学交流购物的喜好,包括购物的频率、地点、时间、原因;<br>4. 向同学询问或建议圣诞礼物的挑选。 | 1. 我能 ＿＿＿＿＿＿<br>2. 我喜欢 ＿＿＿＿＿＿<br>3. 困难 ＿＿＿＿＿＿<br>4. 措施及效果 ＿＿＿＿ |
| ... | ... | ... |
| Unit | 1. 能用英语在商场为同学选购(圣诞)礼物,或当售货员推荐礼物;<br>2. 知道贫困儿童需求,用零花钱帮助他们;<br>3. 写作介绍自己最爱的商场。 | 1. 我能 ＿＿＿＿＿＿<br>2. 我喜欢 ＿＿＿＿＿＿<br>3. 困难 ＿＿＿＿＿＿<br>4. 措施及效果 ＿＿＿＿ |

　　元认知策略的培养应贯彻于认知策略、情感策略训练和运用的过程中。教师在实施中应对学生进行适当的指导,并根据学生的实际情况有计划地开展,确保学生自我评价的顺利进行。

　　在培养学习策略的过程中,教师应关注个性差异,以便学生形成适合自己的学习风格。Reid(2002)将学习风格定义为：学习者所采用的吸收、处理和储存新信息，掌握新技能的方式，这种方式是自然的和习惯性的，不会因为教学方法和学习内容不同而发生变化。Reid还指出了学习风格与学习策略(学习技能)之间的不同：学习策略是学习者有意识地运用的一种外在的促进学习的技能，这种学习技能是可以教授的，通过培训使学习者掌握；而学习风格则具有内在的特点，学习者的学习风格往往是潜意识地发挥作用。不同的人有不同的学习风格，其形成的主要原因在于学习者的性格、观念、认知特点、语言水平等。Claxton & Murrell(1987)认为，学习风格的构成就像"洋葱头"，核心层是学生的性格特点，往外依次是信息处理特点、社会交际特点和对教学方法和方式的偏爱倾向。越是核心层次的特点越稳定，越往外的层次越容易发生变化。学习者可以辨认和了解自己的学习风格倾向，也可以通过了解、操练各种学习策略来扩展自己的学习风格(Reid, 2002)。

在学习过程中，教师应对学生学习策略的使用情况进行评价，促进学生形成自己的学习风格。单词记忆、课堂笔记、错题整理均是常用的认知策略，教师可通过指导和评价的方式激励学生根据自己的实际灵活运用。首先，教师应介绍科学的记忆方法供学生选用，对记笔记和整理错题提供一定指导，但具体实施时应不拘一格。其次，教师可以访谈学习效果优良的同学，了解他们的学习方式，给他们展示自己学习方式的机会。例如，教师可以通过单词背诵比赛或者课文背诵比赛，让记得快、记得牢的同学介绍他们记忆的方法，对策略运用有问题的同学提出建议，对运用策略独特而有效的同学给予鼓励。再次，教师可以批阅学生的错题整理，研究成绩优秀学生和学困生在整理和利用错题的时间、方式方面有何不同，对有效的做法进行交流、展示和表扬。再如，在完成阅读理解任务后，教师可以就某道题让学生交流他们的思维过程。如此既可以发现学生运用策略过程中的问题，又可以发现不同学生运用策略解决问题的不同方法，鼓励学生灵活运用学习策略。

培养学习策略是个漫长的过程。教师要把显性的策略指导和隐性的策略渗透有机结合起来,把元认知策略的指导和认知策略、社会/情感策略的运用结合起来,鼓励学生灵活运用学习策略,增强学生的策略意识,培养具有自主学习能力的学习者。

**参考文献**

Brown,H. D. 2001. Teaching by principles:An interactive approach to language pedagogy[M]. Beijing:Foreign Language Teaching and Research Press.

Joy,M. Reid. 2002. Learning styles in the ESL/EFL classroom.[M]. Beijing:Foreign Language Teaching and Research Press.

Claxton,C. & Murrell,P. 1987. Learning styles:Implications for improving the educational process[M]. Washington,D. C.:Association for the Study of Higher Education.

陈莉萍. 2004. 策略培训与外语教学[M]. 南京:河海大学出版社.

中华人民共和国教育部. 2012. 义务教育英语课程标准(2011年版)[M]. 北京:北京师范大学出版社.

## 细节 10

# 关于情感态度

### 细节阐述

《课标》认为:情感态度指兴趣、动机、自信、意志和合作精神等影响学生学习过程和学习效果的相关因素以及在学习过程中逐渐形成的祖国意识和国际视野。保持积极的学习态度是英语学习成功的关键。教师应在教学中不断激发并强化学生的学习兴趣,并引导他们逐渐将兴趣转化为稳定的学习动机,以使他们树立自信心,锻炼克服困难的意志,认识自己学习的优势与不足,乐于与他人合作,养成和谐和健康向上的品格,通过英语课程,使学生增强祖国意识,拓展国际视野。

情感态度包括学生个体的情感态度以及学生在人际交往中的情感态度。学生个体的情感态度包括动机、自尊、焦虑、冒险意识、模糊容忍等,学生在人际交往中的情感态度包括移情、交流与合作、跨文化意识等。情感态度既有积极的促进学习的作用,又有消极的阻碍学习的作用。Martin L. Hoffman(1987)认为,情感态度的作用包括:引发、终止或中断信息加工;组织回忆;对社会认知提供输入信号;影响决策和问题解决;影响人们的记忆,可以不断修正大脑中的记忆内容,也可能造成记忆混乱;影响学习者对学习资源的选择和使用;等等。

情感教育的课堂教学活动形式通常包含语言输出、交际输出、情感输出等活动形式。语言能力、交际能力、学习能力等是语言输出、交际输出阶段的主要内容;品德、品质、人格、价值等是情感输出阶段的主要内容,这一阶段融合了个人价值与社会价值,体现了学生的文化和情感素质。

## 一、培养稳定的学科兴趣

学习兴趣是学生有选择地、愉快地力求接近或研究某些事物而进行学习的一种心理倾向。学习兴趣的形成和发展根据其深度、范围和稳定性可分为有趣、乐趣、志趣,它们是逐渐深化的。稳定的英语学科兴趣不但指向英语学科知识、学科技能、语言学习策略,而且指向语言所承载的文化。

培养学生稳定的学科兴趣,首先应该引导学生正确认识语言形式及语言的认知理据,即语言发展演变的过程及其原因,这有助于学生整合认知结构、减少理解和记忆的困难,保持学习的兴趣。

### ➤• 典型案例 •◄

译林版《英语》七上 Unit 6 Food and lifestyle 中涉及可数名词的复数变化规律。教学内容节选如下:

Millie: I like bananas. How about you, Daniel?

Daniel: I like potatoes.

Millie: Do you like tomatoes? They're my favourite.

Daniel: No, I don't like them. Do you like fish?

Millie: Yes. It's good for our health. I don't like eggs. What about you?

Daniel: I like eggs.

要求学生关注以字母 o 结尾的可数名词复数形式的构成后,教师进行总结。

T: You see, the plural forms of "potato" and "tomato" are "potatoes" and "tomatoes", but the plural forms of "zoo", "piano", "photo", "kilo", "hippo", "radio" are "zoos", "pianos", "photos", "kilos", "hippos", "radios".

教师再次用中文列出以字母 o 结尾的可数名词复数加-s 的词汇：动物园里有一头河马和一架钢琴，钢琴上有一张照片和一公斤重的收音机。

◆ **案例反思** ◆

简单的单词复数变化规律也能反映出语言发展形成的过程及背景，并给学生提供理解、记忆的认知理据。教学过程中，教师对以字母 o 结尾的可数名词复数的变化情况进行复习总结，是及时而必要的，但这样的讲解没有能够提供给学生认知的理据，因而不能帮助学生理解和真实认知。以字母 o 结尾的可数名词复数的变化有规律可循。

多数加-es，例如：heroes, tomatoes, potatoes, tornadoes, volcanoes, torpedoes 等；

少数加-s，而且加-s 的词多为较长的单词的缩写。例如：photographs—photos；kilograms—kilos；hippopotamus—hippos 等。另外，zoo 只是 zoological garden 的一个缩略词，piano 是 piano forte 或 forte piano 的简称，radio 则是 radiotelegraphy 的缩写。

这样归纳讲解，提供给了学生认知以字母 o 结尾的可数名词复数变化的理据。在英语教学中，教师可以通过教学任务的制定、教学素材的选择、活动形式的安排，引领学生不断体验和感知英语学科的特色，如语言形式所蕴含的背景，英语国家文化背景知识，承载语言文化的文学作品、阅读语篇、影视歌曲、传统节日等，逐渐培养学生稳定的学科兴趣。利用好内容具体的教材资源、开发丰富多彩的课外教学资源等，对培养稳定的学科兴趣具有重要意义。

学习兴趣具有选择性和趋向性。学习兴趣的选择性主要受个体内在需要的影响。学习兴趣的选择性导致不同学生在学习过程中总是对学科、内容、活动等表现出不同程度的兴趣。同时，学习兴趣具有趋向性。学习兴趣的趋向性受客观因素和主观因素的影响。由于客观世界某种新奇的变化而趋向它，这是一种无意注意的表现；由于主体对客观存在产生了某种情绪而积极趋向它，这就是兴趣的起源。

学习兴趣的选择性和趋向性在学习中的作用表现为定向性作用和

动力作用。学生选择什么样的学习内容通常是由自己的兴趣来定向的；而动力作用促进兴趣及时转化为动机，推动学习活动持续进行。因此，发挥学习兴趣的定向和动力作用会对学习效果产生重要的影响。

真实的情感态度来自于真实的学习活动，具体表现在活动的过程性、活动的真实性、活动内容的全面性、活动形式的多元性、学生在活动过程中的主体性等方面。情感加工伴随真实的学习活动的整个过程，并通过课堂教学活动展开。因此，在设计课堂教学活动时，教师应该充分分析教学活动中应有的情感内容。既要考虑学生应有的一般情感因素和情感教学目标，又要考虑活动过程中学生即时表现出的情感态度和情感变化，要结合教材特点，综合考虑教材包含的情感内容和学生可能的情感表现。

## 二、注重情感加工

情感加工过程包含情感认知、情感理解、情感反思和情感行为等。情感认知与理解阶段，主要是让学生结合故事、话题以及语言材料，通过问答讨论等方式理解其所蕴含的情感价值等人文因素，属于概念理解。情感反思阶段，要求学生能够结合第一阶段所认知的情感、品德等反思自己的行为，达到对情感态度的深层理解。情感行为阶段，则给学生提供场景、问题，要求学生采用适当的方式解决问题，以观察学生在新的情况下对价值的理解与应用。鲁子问、王笃勤（2006）用下面的图示描述了其间的关系。

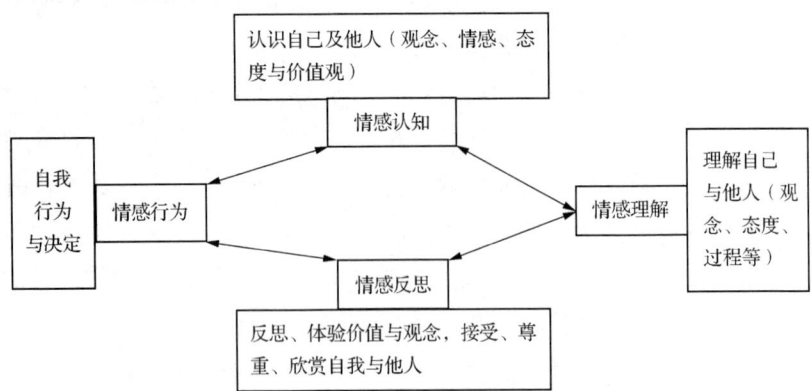

## 典型案例

以人教版《英语》八上 Unit 1 听力教学活动设计为例,教材将此活动分为三个能力层级,融合了个体学习活动和同伴互助学习活动,体现了情感加工的内容和过程。教材节选如下:

Cheng is talking about how often he does different activities.

**听力教学活动设计 1**

Listen and number the activities you hear:
a. ___ go to the movies    b. ___ watch TV    c. ___ shop
d. ___ exercise    e. ___ read

**听力教学活动设计 2**

Listen again. How often does Cheng do the activities above? Match his activities with the number of times he does them.

| Activities | How often |
| --- | --- |
| a. go to the movies | every day |
| b. watch TV | once a week |
| c. shop | twice a week |
| d. exercise | three times a week |
| e. read | once a month |
|  | twice a month |

**听力教学活动设计 3**

Pairwork: How often do you do these activities? Fill in the chart and then make conversations.

| Activities | How often |
| --- | --- |
| watch TV | every day |
| surf the Internet |  |
| read English books |  |
| go to the movies |  |
| … | … |

♦ **案例反思** ♦

从听力教学活动设计1到设计2,难度虽然有所增加,但是学生不需要进行语言方面的输出,学生在听的过程中可以获得较多的安全感,从而体验自我实现的愉悦,建立起积极的学习情绪。这个部分基本上属于语言能力、交际能力、学习能力的学习应用的范畴。

听力教学活动设计3要求学生通过同伴互助学习的方式,对彼此真实的生活情况进行表述,活动内容从听力材料中不相关的他人转换到了学生自己。学生在了解了他人的活动规律和活动内容之后,转而描述自我的活动规律和活动内容,可能会反思他人和自我的活动安排规律、内容的科学合理性,以及哪种安排属于健康的生活方式。这样,学生就可能产生情感输出,思考一些与个人价值或社会价值相关的问题。在同伴互助学习时的彼此问答中,学生可以了解到对方的一些生活安排规律,不但再认了自我,而且逐渐理解了他人。在这样的学习活动过程中,学生就自然而然地经历了情感加工过程。

## 三、关注情感过滤

小学生之间就学习问题发生辩论而自我证明时,通常会说"老师就是这么说的";初中生遇到类似情况时,通常会说"某一本书上就是这么说的";高中生、大学生遇到类似情况时,更多地会说"我是这么认为的"。这种现象反映出,学生成长的过程就是学生自我意识逐渐形成的过程,而自我意识影响着学生对外部信息的甄别,与情感态度密切相关。一些客观因素,如课堂教学、自身学业基础、教师因素、班级氛围、家庭背景等,会影响学生英语学习的效果。同时,学生的主观情感因素,使其对外部信息进行选择性输入,直接影响着英语学习的效果。

"情感过滤假说"(The Affective Filter Hypothesis)是 Dulay & Burt 于1977年提出的,解析了情感因素影响外语学习过程的运行机制。他们认为,情感过滤是"一种内在的处理系统,它潜意识地通过情感因素来阻止学习者对语言的吸收"。由于情感过滤机制对输入的信息产生阻碍作用,可理解的语言输入量并不等同于学习者真正吸收的语言信息量。也就是说,情感因素影响着学生接受所输入的语言材料的多少。在教学中,教师应该努力使学生保持积极的情感,这样,情感过滤的阻碍作用就小,学生就能吸收尽可能多的"可理解"的语言信息,并逐渐将之内化为自身的语言知识和技能;反之,如果学生在消极的情感状态中学习,情感过滤的作用就强,极大地阻碍学习者吸收"可理解"的语言信息。

动机、自尊、焦虑、挑战意识、模糊容忍等因素决定着学生个体的情感态度,决定着情感过滤机制对信息接纳的阻碍程度。例如,通过活动内容的层级设计,可以激发学生的挑战意识。

## 典型案例

节选人教版《英语》八上 Unit 4 的"Self Check"活动层级设计内容如下:

### "Self Check"活动层级设计内容 1

*Fill in each blank with the correct word given. Change the form of the word if necessary. Then make your own sentence with each word.*

The words given: ride; take; live; think of; get to

1. How do you _____ school in the morning?
2. What do you _____ the transportation in your town?
3. When it rains I _____ a taxi.
4. How far do you _____ from the bus station?
5. I like to _____ my bike on the weekend.

### "Self Check"活动层级设计内容 2

*Role play. Student B is an American in your town. He needs help from Student A. Write the conversation and then act it out.*

A: Can I help you?

B: Yes, please. I need to see my friend. She's ill in hospital. I have a map but it's in Chinese, and I only speak English. How do I get there?

A: Don't worry. Let me look at your map. OK, first _____. Next _____. Then _____.

B: How far is it from here?

A: It's about _____.

> B: How long _____?
> A: About _____.
> B: OK, thank you so much!
> A: You're welcome. If you have a problem, you can _____.

◆ 案例反思 ◆

活动1和活动2的内容设计同属于一个话题范畴,但是,活动1要求学生选择恰当的词汇并以其正确的形式完成每个独立的句子;而活动2则要求学生根据一个模拟的生活情境,合作完成对话,学生自由表达的空间较大。很明显,整个活动过程的挑战性不断增加,但是又控制在学生的能力范围之内。这样,学生就能保持积极的学习情绪,情感过滤的阻碍作用就小,有效地信息接纳和产出成为可能。

Krashen认为情感过滤"是阻止学习者完全消化他在学习中所得到的综合输入的一种心理障碍"。由于受动机(motivations)、需要(needs)、态度(attitudes)、情感状态(emotional states)等各种情感因素的影响,学习者对所输入的语言有所筛选,而不是全部吸收。在积极情感的作用下,情感障碍的过滤作用就表现得较弱,可理解的语言输入量就大,亦即学习者吸收的信息就多。情感过滤是制约语言输入的重要因素。

在初中英语教学过程中关注情感过滤,教师需要注意以下几个方面:

1. 激发学习动机

动机是学习的先决条件,激发学生的内部需要可以提升学生的学习动机。马斯洛的需要层次理论认为,需要分为两大类。一类是基本需要,这类需要包括人的基本生理需要、安全需要、归属和爱的需要、被尊重的需要;另一类需要是成长类需要,包括认知需要、审美需要和自我实现需要。需要的层级由低到高逐渐发展,低层级需要未得到满足时难以产生高一层级的需要。

2. 增强学生自尊

自尊给人自信,教师可以通过以下做法增强学生的自尊:高期望,高要求,帮助学生实施计划、达到预期目标;对学生的所作所为给予充分的肯定;解释活动的目的,让学生看到活动的价值;帮助学生学会接受自己的错误,正确看待自己的成功;鼓励学生对照自己的目标,参照以前的成绩,正确评价自己;创造安全的环境,鼓励学生畅所欲言,敢于求异。

3. 保持适度焦虑

在学习过程中,学生会产生焦虑。焦虑通常表现为焦急、不安和忧虑。适度的焦虑可以凝聚学生的注意,激发学生的探究和挑战意识。过度焦虑对学习行为具有抑制作用。过度焦虑会降低学生的思考和记忆能力,影响语言储存和输出的效率。活动特点、教学方法选择、教师和家长的期待、环境氛围等都可能造成过度焦虑。

4. 培养移情能力

培养学生的移情能力和意识也可以使学生保持积极的情感态度,引导学生主动理解对方的情感与观点,从对方的角度分析和思考问题。移情的机制包含了解自我的情感和认同他人的情感。

5. 设计挑战性任务

要关注学习任务的难度。挑战性学习任务可以激起学生的学习兴趣。教师设置学习任务应使学生认为自己有相应的学习能力,应该使学生感知到活动的价值及活动与学习目标的联系。当学生将其失败归结为能力不济时,就可能会失去信心;归结为方法不当、努力不够时,就会试着努力去做。当学生将成功归结为自身的能力时,成功会使其增强自信;归结为奋斗时,意味着问题的难易度是适中的(王笃勤,2002)。

**参考文献**

Martin L. Hoffman. 1987. The contribution of empathy to justice and moral judgement [M]//N. Eisenberg & J. Strayer. Empathy and its development. New York: Cambridge University Press.

鲁子问,王笃勤. 2006. 新编英语教学论[M]. 上海:华东师范大学出版社.

王笃勤. 2002. 英语教学策略论[M]. 北京:外语教学与研究出版社.

## 细节 11

# 关于文化意识

### 细节阐述

《课标》将文化意识教学目标描述为:"在起始阶段应使学生对中外文化的异同有粗略的了解,教学中涉及的外国文化知识应与学生的学习和生活密切相关,并能激发学生学习英语的兴趣。在英语学习的较高阶段,要通过扩大学生接触外国文化的范围,帮助学生拓展视野,使他们提高对中外文化异同的敏感性和鉴别能力,进而提高跨文化交际能力。"(教育部,2012)。在初中英语教学过程中,我们可以从知识、能力和态度三方面努力实现《课标》中的文化意识教学目标。

  文化教学应该与教材相结合,从教材内容出发做适度的介绍和引申,并适当补充相关的阅读语料,以丰富学生的文化认知,深化文化差异的对比。束定芳、庄智象(1996)认为,在外语基础教学阶段,对文化内容的导入必须遵循以下三个原则:实用性原则、阶段性原则、适合性原则。文化导入的主要方法包括注解法、融合法、实践法、比较法、专门讲解法等。教师在导入文化内容时,除了遵循以上三个原则以外,还应遵循关联性原则,即文化内容和教学内容高度关联,这样的内容才可讲授或介绍。增加关联性原则的目的是防止语言课堂变成纯粹的文化课堂。在教学过程中,可以从以下几个方面将文化教学与教学内容结合起来。

## 一、结合词汇、语法教学

新课标对跨文化意识的要求既包括泛指的文化意识,还包括理解英语中的常用成语、俗语及其文化内涵,理解英语交际中的常用典故和传说,初步了解英语语言与英语国家文化的关系。其中,许多英语词汇或表达方法与文化背景密切相关。

词汇教学一方面应重视音、形、义等显性知识,另一方面应该重视解读词汇的文化内涵。词汇的显性知识是实现语言交际的基础,但是不理解词汇的文化内涵就不能准确、生动地表情达意。在词汇教学中解读英语文化内涵,应该关注以下方面:英语国家的思维方式、词汇的本义与引申义、人际交往的用语、动植物名称的文化内涵、色彩词汇的文化内涵、受地理环境等因素影响的词汇的文化内涵等。

### ➤• 典型案例 •◄

以词汇教学为例,译林版《英语》七上 Unit 3 涉及词组 trick or treat,意思为"不招待就捣蛋"。初中学生对此词汇感到茫然,甚至感到这个词汇出现在话语情境中非常突兀。具体的教学活动片段如下:

T:Halloween is a festival on October 31st. Do you know how people in the west celebrate it?

S1:Some people dress up and play "trick or treat".

T:What is "trick or treat"?

S1:That means "get a treat or play a trick".

T:Any other ways to celebrate Halloween?

S2:Some others cut out the eyes, the nose and the sharp teeth in the pumpkin to make pumpkin lanterns and put candles in them.

S3:Still others have Halloween parties and eat lots of special chocolates and candies.

S4:…

♦ 案例反思 ♦

教材中出现了词组 trick or treat,教师在此教学环节需要具有文化意识敏感性,及时利用这个文化教学的机会和素材,挖掘一下和文化相关的语义产生和转化的潜在理据。首先,教师应该及时说明这种游戏的起源:trick or treat 游戏最初起源于美国,20 世纪 80 年代传入英国,是西方国家的青少年在万圣节前夜常进行的一项活动,意思为"不招待就捣蛋"。接着,进一步说明"不招待就捣蛋"这一文化语义产生的原因:在西方,万圣节是一个鬼节,在万圣节前夜,孩子们都会装扮成童话或鬼怪故事中的魔鬼、巫婆或怪物的样子,他们头戴面具,身穿奇装异服,手拿布袋或小桶,去造访邻居,挨家挨户地讨要糖果、甜饼、水果等。孩子们来到邻居家门前或窗户旁,不停地叫唤"trick or treat",如果对方不慷慨解囊,他们就会搞些恶作剧来进行报复。通过这些文化背景知识的学习,学生自然就将自我认知和情感投射到目的语的文化氛围中,理解和接受了教材中出现的这一文化情境。

## 二、结合修辞教学

修辞教学中涉及的文化因素通常很生动、形象,能够帮助学生联想并生成丰富的文化意象,促进语言理解和学习。中学阶段英语教学中涉及的常见修辞现象是比喻,比喻通常分为明喻(simile)和暗喻(metaphor),和明喻相关的标志性词汇有 as,like 等,暗喻则要通过语意和语境具体体会。在欣赏和学习使用比喻等修辞时,对文化及其意象的解释和说明,有利于学生理解和接受。

➤• 典型案例 •◄

译林版《英语》八上 Unit 3 涉及 as...as 的用法学习,以下是师生课堂教学对话活动片段:

T:We have learned how to use "as...as" when we want to compare two different things. Would you like to use this structure to describe your classmates and things around you?

S1：Li Lei is very tall and he runs much faster than the other students. I think he is as strong as a tiger.

T：A very good description! But in English, people use "as strong as a horse" to describe a strong person.

S1：How come?

◆ 案例反思 ◆

人们在使用比喻描述事物时，通常会借助具有相似品质或特点的事物，即所谓的本体和喻体。这些事物往往是动物或植物，联想到的特征及其意象也因为民族文化的差异而产生较大的差别。因此，英汉文化差异造成人们在使用比喻时所借助的特征物各不相同。在英语文化中某种事物往往能引起特征联想的某个意象，而在汉语文化中却根本不存在。有些事物在不同的文化中会引发对某一特征的联想，但相关意象的寓意却有天壤之别。以师生对话中涉及的 as strong as a horse 为例，西方人认为马力大无比，将马作为强壮的特征物；而汉语中常常认为龙、虎或牛力大无比，因而将之使用为特征物。这一现象与不同民族的历史文化、生活体验有关。教学中教师可以适当介绍以下一些与动物或其他事物有关的比喻短语：

as fussy as a hen with one chick 在小事上瞎操心

as hard as the nether millstone 铁石心肠（像下层的磨石坚硬）

as hungry as a hunter 非常饥饿（像猎人一样饥饿）

as lively as a cricket 极活泼（像蟋蟀一样活泼）

as mad as a wet hen 非常生气（像弄湿的母鸡一样生气）

as mild as a dove 非常温和（像鸽子一样温和）

as plain as the nose in your face 一清二楚（像你脸上的鼻子一样清楚）

as poor as a church mouse 赤贫的（像教堂的老鼠一样穷）

as proud as a peacock 极骄傲（骄傲得像只孔雀）

as strong as a horse 健壮如牛

as wise as an owl 非常聪明（像猫头鹰一样聪明）

as thin as a wafer 极薄(像糯米纸一样薄)
as true as steel 绝对可靠(像钢一样可靠)
as bald as a coot 头发脱光的(像黑鹅一样秃)
as blind as a bat 有眼无珠(像蝙蝠一样瞎)
as blind as an owl 瞎透了(像猫头鹰一样瞎)
as bold as brass 厚颜无耻(像黄铜一样厚脸皮)
as busy as a bee 极忙碌(像蜜蜂一样忙碌)
as clear as a bell 健全的(像铃铛一样健全)
as clear as day 一清二楚的(像白天一样清楚)
as cool as a cucumber 极为冷静的(像黄瓜一样冷静)
as easy as a pie 极容易(像馅饼一样容易)

## 三、结合语篇教学

教材阅读语篇中的文化教学重点应该关注语篇内容、写作意图和创作方法等方面所包含的文化元素。其中，挖掘语篇内容所涉及的文化元素应该关注语篇话题、附着文化元素的人或物、历史事件、典故、自然地理、风俗习惯、行为方式等。例如，译林版《英语》七上 Unit 5 Let's celebrate! 分别列举了中、西方各三个重要的节日并进行图文比较识别与匹配。

教材设计本身的意图在于：引导学生对比认知中西方的重要节日，将节日与文化附着物联系起来，以加深对各种节日的理解。但是，教学不能仅仅止于教材，否则学生的认知就仅仅局限于几个节日名称。借助语篇并适当拓展语篇文化内容，既能满足学生的好奇心和学习兴趣，又能拓宽学生的知识面，为学生在课外自主阅读学习提供诱因。文化教学要做到既联系语篇主题又不能偏离教学主要任务，适当选择与语篇主题相关的文化附着物并加以适度拓展的教学方法既操作便利又行之有效，既能聚拢学生的注意力，又使抽象的文化知识变得具体有形。以本单元所涉及的西方重要节日 Christmas 为例，这一节日具有浓厚的宗教色彩，选择与宗教背景相关的具体典型的文化附着物并适当加以说明，既可拓展学生的认知又不偏离教学和教育的主体任务。教师可以试选择与 Christmas 相关的一些具体典型的文化附着物，如 the crib, Father Christmas, Jesus' birth, the sleigh, reindeer, holly, the chimney 等。同时附两则与圣诞节文化附着物相关的短篇如下：

### The crib and the nativity play

The telling of the Christmas story has been an important part of the Christianisation of Christmas. One way that the Christmas story has been maintained is through the crib（婴儿床，食槽）, a model of the manger（马槽）that Jesus was born in. The tradition of crib making dates back to at least 400 AD when Pope Sixtus Ⅲ had one built in Rome. In many parts of Europe in the 18th century crib making was an important craft form. This was not the case in England until much later, suggesting that British Christmases were less Christian than those in other parts of Europe. The tradition of Nativity（基督诞生）plays began in churches where they were used to illustrate the Christmas story as told in the Bible.

### Father Christmas

An important part of today's Christmas is the myth of Father Christmas（called Santa Claus in America）. His origins are in Christian and European tradition. But the visual image of Father Christmas that we have today is the one popularised by American card-makers in the Victorian Era. Traditionally, Father Christmas visits houses at midnight on Christmas Eve, coming down the chimney to leave presents. Children hang up stockings——nowadays usually large socks with Christmas patterns knitted（编织）into them——for Father Christmas to fill with little toys and presents（'stocking fillers'）.

## 四、理解空缺现象

历史、文化差异导致母语与目的语之间的语词、文化并非一一对应，造成跨文化交际中的空缺现象。刘宏（2005）认为：首先，空缺是一种语言现象,即在一种语言中不存在,但在另外一种语言中存在的语言单位;其次,空缺也是一种文化现象,表示在一种文化中存在,但在另一种文化中没有的事物、特征和现象。空缺现象与无等值语言单位是成对出现的,一种语言中存在无等值单位,证明了另一背景语言中空缺现象的存在。例如,英文中 green hand 一词,意为"新手,刚入门的人"。英国是个岛国,船是重要交通工具,为保养船只,人们常用与海水颜色一样的绿色油漆来漆船。一个不熟练的油漆工,工作时常会双手沾满油漆。了解了这一背景,green hand 之意就不言自明了。以汉语为背景,该词在英文中就是无等值词,因而在汉语中就形成了相应的空缺。词汇教学中,英汉语义之间的空缺现象主要有以下方面:在一种语言里有些词在另一语言里没有对应词;在两种语言里,某些词语表面上似乎指同一事物或概念,其实指的是两回事;某些事物或概念在一种语言里只有一两种表达方式,而在另一语言里则有多种表达方式,即在另一种语言里,这些事物或概念有更细微的区别;某些词的基本意义大致相同,但派生意义的区别可能很大(邓炎昌、刘润清,1989)。

## ▶ 典型案例 ◀

译林版《英语》九上 Unit 2 Colours 中的 Reading 部分是关于 The power of colours 的教学内容。以下是师生在教学中的一段对话:

T:Why should we wear green clothes when we feel tired or weak?

S1:Because green is a kind of energetic colour. Green can give us energy, as it is the colour of nature and represents new life.

T:Why do we say someone is "green with envy" when we make someone envy us?

S1:Because green is also the colour of envy.

在对话的同时,教师还呈现了一张表格,作为对颜色的含义以及颜色与情绪关系的介绍与总结:

| Colours | | What they represent |
| --- | --- | --- |
| Calm colours | blue | calm, peace, sadness |
| | white | calm, purity |
| Warm colours | orange | joy, warmth |
| | yellow | warmth, wisdom, success |
| Energetic colours | green | energy, nature, new life, envy |
| Strong colours | red | strength, heat, power, strong feelings |

◆ **案例反思** ◆

以上教学环节看似内容丰富而具体,但是教师忽略了不同语言文化认知过程中客观存在的空缺现象,未能及时消除语言文化的空缺。例如,blue—sadness;yellow—wisdom,success;green—envy 等,英汉语言之间对应关系不强或存在空缺。学生对这几组颜色与情绪含义的对应关系就存在理解困难。

空缺理论流派认为,空缺分为文化、语言和篇章三个基本类型。文化类空缺分为:民族心理空缺,也叫主体空缺,主要是体现在性格、情感和思维能力方面的空缺;交际活动空缺,主要包括在交际活动中体现的交际行为空缺和思维方式空缺;文化空间空缺,即反映不同文化共同体对文化背景和活动范围的不同要求与评价,主要包括认识感知空缺、文化储备空缺等。语言类空缺可以划分为词汇空缺、语法空缺、修辞空缺等。篇章类空缺的划分反映了比较抽象和模糊的特点,即反映篇章在内容、意图和创作方法等方面的空缺(转引自:刘宏,2005)。

针对文化类空缺问题,教师可以通过文化背景文章阅读、人物事件介绍、历史掌故的学习等途径,建立学生与目的语文化的联系来解决。针对语言类空缺问题,教师可以通过增加词汇、语法、修辞类具体语料的认知理据的介绍,使学生逐渐认知和接受语言现象的来龙去脉。例如,针对词汇方面的语言类空缺问题,邓炎昌、刘润清(1989)认为可以通过释义、译音、造词、综合等方法建立不同文化之间的沟通。针对篇章类空缺问题,学生首先应该了解英语篇章的基本结构、作者行文的一般规律,然后逐渐感知不同语言文化的篇章在内容、意图和创作方法等方面的差异。相关的英语语篇展开模式有：一般→特殊型（The General—Particular Pattern），这种语篇模式多用于自然科学或社会科学的议论文和说明文；问题→解决型（The Problem—Solution Pattern），这种语篇模式多用于科学论文、实验报告等专业性较强的语篇，也会出现在分析小说、戏剧的文章中（佟敏强，2009）。

**参考文献**

中华人民共和国教育部. 2012. 义务教育英语课程标准（2011年版）[M]. 北京：北京师范大学出版社.

刘宏. 2005. 跨文化交际中的空缺现象与文化观念研究[J]. 外语与外语教学（7）：37—41.

邓炎昌，刘润清. 1989. 语言与文化：英汉语言文化对比[M]. 北京：外语教学与研究出版社.

佟敏强. 2009. 大学英语阅读教学理论与实践[M]. 长春：吉林出版集团有限责任公司.

束定芳，庄智象. 1996. 现代外语教学：理论、实践与方法[M]. 上海：上海外语教育出版社.

## 细节 12

# 关于新课导入

### ▶ 细节阐述 ◀

　　导入是指教师在课堂教学开始或某个教学活动开始时,引导学生迅速进入学习状态的教学行为方式。良好的开始是成功的一半。新课导入环节具有承上启下、承前启后的功能,是为导入新内容、学习新内容在营造学习氛围、激活学生的已有知识内存和思维、复习必要的知识等方面进行的准备和开展的热身活动。好的导入可以引起学生注意,激发学生学习兴趣,引起学生对所学知识的关注,充分调动学生的积极性和主动性,为新课教学创造有利条件。导入环节还应自然地引出话题,让学生感知或了解这节课的语言学习目标,为新知识的学习做好准备(赵莉蓉,2014)。新课导入对整节课能否成功起着至关重要的作用,尽管新课导入在一节课中只占很少的时间,可能只有几句话,但出色的新课导入能够成功地使学生完成注意力的转移和情绪的迁移,自然而然地把学生带入到新课的意境之中。

　　导入是一门艺术。教师在设计新课导入活动时,应该根据不同的新课内容采用不同的导入法,经常采用形式单一的导入方式和模式,学生就会失去兴趣,对新授知识失去新鲜感。新课导入时间也不宜过长,一般情况下,新课导入只可占据三到五分钟时间,导入用时过长,就会占用其他教学环节的时间,影响其他教学步骤,从而偏离本节课的教学主题。教师的新课导入还应该充分考虑学生的认知水平和现有的语言运用能力,通过新课导入,让学生在创设的语用情境中,愉快而自然地进入语言学习活动。

## 一、营造交流氛围,激发参与欲望

课堂教学过程中,教师需要通过与学生的语言交流激发起学生参与语言活动、学习语言内容的欲望。教师需要高度重视营造语言交流的氛围。因为是新课伊始,可能学生还没有做好英语学习的准备,可能学生还没有理解教师的教学设计意图,也可能教师设计的语言活动远离了学生的"最近发展区",教学过程中,常常出现学生游离在语言交流氛围之外的案例。遇有这样的情况,教师需要在营造语言交流氛围的过程中不断调整语言交流的内容或形式,吸引学生融入语言交流的氛围,激发学生参与语言活动的欲望。

### 典型案例

T:Morning, class!

Ss:Morning, Miss Wang!

T:Tomorrow is weekend, do you have any ideas about going travelling?

T:(询问一名学生)Where will you go?

S1:Stay at home.

T:(询问另一名学生) What about you? Do you want to travel any where?

S2:I will stay at home too. Because I have a lot of homework to do.

T:(又问另一名学生) Where are you going?

S3:Maybe... I don't know. Maybe I will go to Shanghai.

T:Now suppose you will go to Beijing tomorrow. Please discuss in groups about:How will you go to Beijing? What places of interest will you visit in Beijing? What things will you see at these places of interest in Beijing?

◆ **案例反思** ◆

　　这是"Travelling"话题中的导入,本课主要学习"Things to do in Beijing"和"How do we get there"两个部分。上述导入存在明显问题。教师创设了语言交流的环境,问学生周末去哪里旅游,并希望学生回答:去北京。但是学生并没有按照教师的预设参与语言交流,而是回答成了"Stay at home... Because I have a lot of homework to do."。也就是说学生的回答破坏了教师预设营造的语言交流氛围。在这样的情况下,教师仍然按照自己的预设继续教学程序,要求学生"Now suppose you will go to Beijing tomorrow. Please discuss in groups...",这样的指令性要求显然不能激发学生参与语言活动的欲望了。面对学生没有按照预设参与语言活动,如果教师能够因势利导,在语境中继续营造语言交流氛围,同样能够激发起学生参与语言活动的欲望。如:

　　T：Morning, class!

　　Ss：Morning, Miss Wang!

　　T：Tomorrow is weekend, do you have any ideas about going travelling?

　　T：(询问一名学生)Where will you go?

　　S1：Stay at home.

　　T：Why do you just want to stay at home?

　　S1：Because I have a lot of homework to do. And I will also have some extra lessons at the weekend.

　　T：What a pity! Anyway I think you are a hard-working boy.

　　T：(询问另一名学生)What about you? Do you want to travel anywhere?

　　S2：I will stay at home too.

　　T：It seems that everyone in our class will stay at home and work hard. I am sure you will have a chance to go travelling when summer holiday comes. However I am so lucky to be invited to travel by my friends tomorrow. That means my friends invited me to travel tomorrow. Can you guess where I am going?

（学生表现出极大兴趣，纷纷回答）

S3：Shanghai.

T：Sorry.

S4：Beijing.

T：Yes! I have never been to Beijing before. I feel so excited to have the chance to go there with my friends. We will stay in Beijing for two days. I know some of you have visited it before. And most of you know Beijing very well. Could you give me some advice on how I go there? What places of interest in Beijing should I visit? What can I see and what can I do at these places of interest? Would you please discuss in groups and give me the answers?

新课导入环节，需要教师的精心预设，更需要教师具有灵活应变的机智和驾驭语言活动的能力，这样，才能根据具体情况随机应变，不断营造出使用英语进行交流的氛围，激发出学生参与语言活动的欲望。

## 二、激活知识内存，树立学习信心

现在的初中英语教材大多以"话题"为学习单元，这些话题与初中学生的学习生活、认知水平关系紧密。新授内容中的有些英语语言的表述形式学生已经接触过，有些教学内容学生已经遇见过、思考过。在开始新授课教学的时候，教师需要充分关注教学内容和学生已有知识和经验的结合点，调动学生充分运用已有的知识内存和生活体验参与新授内容的学习。这样，可以降低新授课的教学难度，也可以树立学生学习新授内容的信心。

◤• 典型案例 •◥

译林版《英语》八上 Unit 3 话题是"A day out"，Task 板块由四个部分的教学内容组成：(A) 浏览他人的一日郊游计划（由 Time，Place 和 Activity 三个部分组成，以短语、图表形式出现）；(B) 通过小组讨论,模仿(A)制定自己的郊游计划;(C)以填空形式完成一封邀请朋友外出郊游的邀请信(邀请信的格式已给出,只需要填写进残缺的信息);(D)参照(B),写一封信邀请自己的朋友外出郊游。在 Task 板块的教学过程中,某教师设计的导入环节如下:

T: Let's watch a clip of video about some places of interest in Yangzhou. We are going to visit them this weekend.

(观看视频后,教师提出要求)

T: Would you please tell me the places of interest in Yangzhou, when and how we can go there and what we can do there? The more, the better. Work in pairs, please.

T: Can you make a trip plan for yourself?

S1: Sorry. I don't know how to make it.

T: Don't worry. Now let's read Kitty and Daniel's plan in Part A. Maybe it will be of some help to you.

(学生阅读教材 Part A)

◆ 案例反思 ◆

学生观看自己家乡的风光片,倍感亲切。家乡的美景很快就把学生带进了"一日郊游"的语用环境。情境主题明确,教师提出的要求具体。学生很自然地由此展开了自由联想,积极主动地搜索、罗列出了刚才看见的以及本单元已经学到的或头脑中储存的相关词汇和短语,如:the Slender West Lake(瘦西湖),Wenchang Pavilion(文昌阁),Geyuan Garden(个园),at 7:00 a.m.,from 11:10 a.m. to 1:00 p.m.,by bus,on foot,ride a bike,take photos,go shopping,play a game,go boating 等等。

在教师的引导下,同伴互助有效地激活了学生的相关知识内存。在语言活动中,同学们会相互借鉴各自的知识内存,口头表达出丰富多样的内容,这些,为学生选择自己要表达的内容提供了丰富的资源。这样的资源共享有利于学生知识的复习和积累。

教材内容给学生提供了丰富的写作素材和可以借鉴的形式,当学生的相关内存和学习信心被激活，但又觉得无法用适当的形式有条理地将其表达出来的时候，教师可以引导学生阅读教材中的相关样本，这样的导入就有效地激发了学生积极学习、主动阅读文本的内驱力，学生就会主动积极地模仿文本内容，初步进行笔头表达了。

## 三、丰富课程素材，激趣导入

每一课时都有既定的教学内容，这些内容不会因不同的班级、不同的学生而改变。如果无论在什么情况下，教师都采用单一的教学方法导入新授课的教学，就会出现某个班级某些学生能够积极参与，取得明显的教学效果，而其他班级和学生则不然的情况。在新课导入的过程中，教师需要根据不同的班级和学生不断丰富课程素材，采用多种方式激发学生参与课堂活动的积极性，取得更好的教学效果。

### ➤ 典型案例 ◄

在复习语法"定语从句"的课时里，教师在布置学生课前订正定语从句错误的前提下，课上选择了一首学生熟悉的由丹麦 Michael Learns to Rock 摇滚乐队演唱的英文歌曲 That's why you go away 作为导入，让学生听歌完成句子（歌词），把挖空的定语从句补充完整。如：

You're the one _____ set it up.（who）
Every little thing _____ _____.（you said）
I'm not _____ _____ your heart is missing.（the man）
I won't forget _____ _____ you're kissing.（the way）

学生在欣赏音乐的同时，对定语从句中的相关语法要求也有了进一步理解。之后，教师对定语从句进行更详尽的讲解，归纳关系代词引导的定语从句的相关规则，如：修饰名词或代词的从句叫定语从句，一般情况下定语从句置于修饰的名词或代词之后。我们称被修饰的名词或代词为先行词；定语从句由关系词引导，关系词总是在从句的句首，同时还在从句中担任一个成分；先行词是人，关系词用 who，whom，whose，先行词是物，关系词用 that，which。

在此基础上,教师指导学生操练巩固就显得格外自然流畅,学生也不感乏味。最后,教师再完整地播放本首优美歌曲,学生在学唱的同时再次感悟定语从句。

◆ 案例反思 ◆

中学生大多数喜欢唱歌,采用英文歌曲作为新课导入,是英语教师经常采用的形式。学生能够在朋友或父母面前演唱一首英文歌也会让其自尊心得到极大的满足。教师巧妙地利用学生喜欢的英文歌曲,将其作为语法教学的导入素材,让学生如同身在音乐课堂,怀着愉悦的心情来分享英语知识的学习,把枯燥的语法学习融于学生兴趣之中。

音乐、影视剧、录像等是非常好的课程资源,可以充分加以运用,结合活动,增强激趣效果。实际上,这些资源在很大程度上更能增加学生真实的语言输入,如影视 *My fair lady*,*The lion king*,*The sound of music*,*Mr Bean*,*Harry Potter*,*Lotus Lantern*(宝莲灯),*The lord of the rings* 和歌曲 *Red River Valley*,*Auld lang syne*,*Yesterday once more* 等,都可作为课堂活动的导入素材。只是,所选择的导入素材要与相关的语言知识复习有机地结合起来。

## 四、运用灵活多样的导入形式

"教学有法,但无定法",新课的导入也是如此。教师可以根据教学的实际内容,结合学生的具体情况,设计灵活多样的新课导入方法,以调动学生学习的积极性,取得更好的课堂教学效益。常见的新课导入方法有:

1. 语言交流导入

通过有意义的语言活动导入新课是最为常见的导入方式。上课伊始,采用轻松、自然的提问、对话形式可以吸引学生的注意力,调动思维,激发兴趣,从而顺利地导入所学内容。

2. 创设情景导入

创设一些模拟真实的交际情景,使学生置身语境之中,自然了解所学语言项目在实际生活中的运用方式,这样做不仅降低了学生的理解难度,而且能使学生自觉或不自觉地运用所学知识进行表达,有利于培养学生在特定情景中的交际能力。

3. 复习旧知导入

"温故而知新",由旧知导入,顺理成章,贴切自然。在新课开始之前,英语教师应该尤为注意引导学生温故而知新,对与本节课内容有关的知识与技能进行复习与巩固。这样的导入,既能弥补学生旧知识掌握中的缺漏,又能使学生很快投入新知识的最佳学习状态,为完成本节课教学做好准备。

4. 真实交际导入

英语课是一门实践性很强的语言工具课。在英语教学过程中教师要努力使学生将语言基础知识转化为语言运用能力。在新课导入阶段,教师就需要有为学生创造真实的语言环境,培养学生在真实语境下用英语进行口头和书面真实交际的能力的意识。

5. 介绍背景导入

根据文本内容的具体情况,教师需要将相关材料或背景知识介绍给学生。教学过程中,教师可以以介绍作者、讨论背景为切入口,将学生引入相关的语境中,将语言的学习与语言的应用联系在一起,这样的导入既符合学习文本内容的需要,又有效拓展了学生的知识面。

6. 运用环境导入

教室是一个很大的"教具",门窗桌椅、学生老师、学习用品等都可以为新课导入所用。如:教现在进行时,教师请一个学生去关门时可以说:She is closing the door. 请一个学生开窗时可以说:She is opening the window. 这些实实在在的人物的现场表演,可以使语言学习变得更加清楚明白,通俗易懂。

7. 创设悬念导入

"学患无疑",教师在课堂教学刚刚开始的时候,如果能巧妙设疑,可以促使学生积极思维,使学生产生疑问、好奇、求知心理,进而培养学生的思维能力与探索意识。创设悬念需要教师根据教与学的具体情况巧妙设疑,教学中常常采用竞猜、假设等方式。恰当的悬念是一种兴奋剂,在课堂教学中,教师应鼓励学生质疑课本,超越课本。教师可以通过创设问题,激发学生提出表明他们自身认知和自身观点的问题来,让学生真正参与到课堂教学中,成为学习的主人。

8. 图片、实物导入

用图片、实物导入教学,简单易行,直观感强,能够给课堂增添生动活泼的气氛,且能抓住学生的好奇心理,有助于学生理解和记忆,使学生以轻松愉快的心情接受知识。如:用照片介绍家庭成员;在讲授"What's it made of?"这一句型时,用多媒体展示棉质、丝质的衣服,皮革、塑料的鞋子,橡胶和木制的玩具等图片。

9. 游戏活动导入

指根据教材和学生的实际情况,精心设计,有效地组织师生之间、学生之间的互动式的活动,自然地将学生领进新课的教学中。它的优点在于能激发学生的参与欲望、拉近师生之间的心理距离、营造轻松的学习氛围。在游戏活动中,学生能够多说、多练。

10. 利用媒体导入

丰富的信息资源给了教师广阔的选择空间,无论是精美的图画、美妙的音乐,还是精彩的电影片段、巧妙的课件,教师都可以有意识地加以利用,使之成为构思新颖的导入形式。在新课导入阶段,教师可以充分利用录音机、投影仪、录像机、VCD、电视机、电脑等,使其服务于教学。

新课导入,形式多样,不拘一格,但应遵循以下基本原则:

1. 为教学目标服务

导入是课堂教学中的起始环节,新课导入不应孤立存在,而要与其他课堂教学环节连为一体,为达成课堂教学目标服务。教师在设计新课导入环节时,既不可漫无边际,也不能泛泛而谈,而是要通过新课的导入,帮助学生了解、明确本节课的教学目标,弄清本节课的知识与目的,从而对整节课的后续学习起到积极的推进作用。在设计新课导入的方式和内容时,教师需要高度关注其与新课教学目标的一致,避免为导入而导入,导入与课堂教学目标各行其是的情况。

2. 与教学内容衔接

导入的内容要贴近本节课的教学内容,教师不能只追求导入环节的新颖、别致,只讲究导入环节的形式多样,而脱离教学的主要内容。导入环节的设置要注意与所授内容的自然衔接,不要强拉硬扯生搬硬套,与教学内容风马牛不相及。应通过导入让学生适度了解新的教学内容,把前后知识联系起来、自然进入新课学习,为教学新内容、提高新内容的教学效益铺平道路。

3. 与生活环境融合

新课导入要注重贴近学生的实际生活环境,教师要选取学生生活中的某个层面、某个细节,或是学生熟知的某个方面,使学生置身熟悉的生活环境之中,了解所学习的语言项目在实际生活中是如何表达、如何运用的。这样做不仅易于学生理解所学语言的表意和形式,而且能吸引学生自觉地运用所学语言进行表达,调动学生积极思维、主动参与,并产生强烈的共鸣和求知欲,使学生在情感上认同所学的语言现象,在行为上积极参与语言活动,这样,可以为下一步教学做好铺垫。

**参考文献**

赵莉蓉. 2014. 初中英语课堂教学活动设计失当案例的分析及对策[J]. 中小学外语教学(12):16—20.

## 细节 13

# 关于活动设计

> **细节阐述**

自新课程实施以来,随着教学理念的改变,中小学英语课堂教学也发生了明显的变化。课堂上,教学活动更为丰富多彩,教师在尽可能多地为学生创设鲜活的情境,让学生在参与活动、展示自我的过程中顺利完成老师设置的任务,并亲身体验学习的快乐。丰富多彩的教学活动有效地推进了初中英语课堂教学的改革。

但是,由于对英语教学的本质特征缺乏了解,在英语课程改革的过程中表现出了一些对教学理念片面、肤浅的理解,课堂教学过程中,出现了片面追求所谓生活情境而开展活动的倾向。这些理念偏差对英语课堂教学带来了明显的负面影响,即在变化热闹的课堂背后,还存在形式化、缺乏教学实效等问题,而保证课堂教学的有效性恰恰是课程改革在课堂实施层面取得成功的关键(余文森,2009)。

在语言教学过程中,"输入"与"输出"之间需要经历有效的"内化"过程。开展课堂语言活动是语言"内化"的主要方法和途径。在初中英语课堂教学过程中,广大教师普遍非常关注课堂语言活动的设计。为了提高英语课堂教学的效益,在设计课堂活动的过程中,我们需要进一步关注并研究设计课堂语言活动的诸多细节。

# 一、关注设计活动的先后顺序

在语言活动过程中,语言本体各个层次之间必然会产生互动,由低及高可以表现为单词与短语互动,短语与句子互动,句子与语段互动,语段与语篇互动等层次,我们称此为语层互动(王初明,2010)。研究表明,较低层次的语层互动有益于语言知识的重复和语言准确性的形成,较高层次的语层互动有利于学生语言运用能力的提高和语言流利性的形成。一般情况下,在操练同一句式的语言活动中,较低层次语层互动的活动应该安排在前,较高层次语层互动的活动应该安排在后。

➤· 典型案例 ·◄

There be...结构是初中学生要掌握的重要句型。以下是不同教师在单元教学的最后一个课时设计的两个不同的语言活动。

第一个活动是:Partner 动作展示,描述者语言描述。假如你的 Partner 咽喉疼痛,不能讲话,请根据他(她)的动作所示,为全班学生描述出他(她)家书桌上的摆设。这是一个与本单元学习的语法内容要求非常一致的语言活动,需要学生在活动中反复使用 There be...结构。以下是绝大多数小组完成这一活动时的情形:

Partner:(放一本书在书桌上)

描述者:There is a book on his desk.

Partner:(放两支钢笔在书桌上)

描述者:There are two pens on his desk.

Partner:(在书桌的左边放一盏灯)

描述者:There is a lamp on the left of his desk.

Partner:(在书桌的右边放一些花)

描述者:There are some flowers on the right of his desk.

……

第二个活动是:找出两幅图片中的不同。教师提供两幅图片,描述同一个家庭场景,其中一幅中抹去一些物品,要求学生限时找出两幅图片中的五个不同之处,并用语言表述出来。语言活动过程中,学生努力运用"There is a ... in Picture 1, but there is no/not a ... in Picture 2. And in Picture 1 there are some ... (s), but there are no/not any ... (s) in Picture 2 ..."这样的语段或语篇将两幅图片中的不同表述了出来。

◆ 案例反思 ◆

在完成第一个活动的过程中,学生能够理解教师的意图,Partner的动作简练明确,描述者的语言准确完整。学生还有意识地注意到了There be...结构中的语法要求,名词单复数的用法,以及方位介词短语在表意方面的差异。显然,这些都是教师在这一单元的教学过程中反复强调的重点内容。在语言活动中,学生较多地注意教师强调的语法内容,这对于缺乏真实语境的外语学习确实有明显的积极作用。然而,这是该单元教学的最后一个课时,此时进行语言活动的主要目的应该是给学生提供综合运用所学语言做事的机会,锻炼学生在语境中的语言表达能力。严格地讲,第一个活动仍然是一个以操练语言知识为目的的机械活动,只需要使用单句即可参与这样的语言活动。如果长期采用较低层次语层互动的活动,课堂活动中的语言互动总是局限于简单的句型操练,则不利于训练学生口语表达的连贯性与流利性,难以提高学生的综合语言表达能力。

在第二个语言活动过程中,学生需要通过对两幅图片提供的语境的比较表述出其中的不同。这样的语言活动中,学生必须用语段或语篇才能表达出自己想要表达的意思,这是在进行较高层次(句子与语段或语段与语篇)的语层互动。这是该单元教学的最后一个课时,教学目标是要让学生通过语言活动把积累起来的语言知识内化为语言的运用能力。为了实现这样的课堂教学目的,教师需要设计出较高层次的语层互动。显然,在单元教学的最后一个课时里,避免使用机械孤立的句型操练,努力让学生参与到在语境中进行较高层次语层互动的活动中去,更有利于他们语言表达能力的提高。

在语言训练的不同阶段,为了实现不同的教学目标,教师需要具有语层互动的意识,需要在不同的教学时段,根据不同的课时目标要求,设计出不同层次的语层互动活动。

## 二、让大多数学生参与语言活动

为了让更多的学生获得参与语言活动的机会,在英语课堂教学过程中,教师常常把大班划分成若干个学习小组。学生在小组活动中处于一种相对自主的状态,这样的状态有利于实现同学之间的充分"互动",有利于降低相互之间的语言"理解"过程中的难度,有利于形成学生语言"产出"的氛围,也有利于变教师的讲解为学生的积极"吸入",最终实现有效语言"习得"的目的。但是,小组活动中也有可能出现个别人或少数人"动"而多数人"不动"的情况。教师在设计语言活动时,要充分考虑让大多数学生参与语言活动。

### ►·典型案例·◄

以下教学片段是某教师在执教译林版《牛津初中英语》8B Unit 2 的 Checkout 的过程中设计的小组活动:

T: When you make a travel plan, you'd decide something. What will you think of?

S1: Hotels, food, activities.

T: What else?

S2: The price.

T: Yes. That's how much money you need for the trip. And anything else?

S3: The length of the time.

S4: Traffic.

T: Yes. Now I will ask you to make a travel plan with the given information. This is a group work. You have to discuss in groups. Who are Groups 1—5?

G1—5: We are.

T: You, Groups 1—5 are given only 200 *yuan*, and I will give you a bike; also you'll have one week and you can have a camera. And Groups 6—10 …

（视频提示如下：）

|  | Groups 1—5 | Groups 6—10 | Groups 11—15 |
|---|---|---|---|
| Money | 200 *yuan* | 1 million | 0 *yuan* |
| Transport | A bike | On foot | A car |
| Time | A week | A day | A month |
| Things to take | A camera | A pet dog | A tent |
| … | … | … | … |

为了有效实施小组合作活动，并使得小组活动语言更为丰富多彩，教师在和学生进行对话铺垫的同时，还辅以上述视频提示，给予不同的小组不同信息。

◆ 案例反思 ◆

我们通过观察发现，在小组活动过程中，小组中每个成员参与语言活动的次数差异极大，多者有十次左右，少者只有一两次，还有学生自始至终都没有参与语言活动。显然，在小组活动中存在着语言活动"贫富不均"的情况。让每个学生都能够平等地参与语言活动，发展所有学生的语言能力，是基础教育阶段英语教学的目标要求。在小组活动中，如果少数学生是语言活动的主角而多数学生只是听众，则不利于全体学生语言能力的提高。教师在设计活动时，需要充分考虑到让小组成员均衡地参与语言活动。

上述小组活动可以重新设计。小组活动仍然是要求通过小组讨论制订出一个旅游计划。所不同的是，教师把原来给予一个小组的相关信息分别给予各个小组中的不同成员，如小组成员 A 拥有有关"旅游目的地"的信息，小组成员 B 拥有有关"所需费用"的信息，小组成员 C 拥有有关"交通工具"的信息，小组成员 D 拥有有关"活动内容"的信息，并且要求，小组内各成员之间只有通过语言交流才能共享这些信息。这样，在小组活动中，为了完成旅游计划，小组中的所有成员就都得参与语言活动，因为他们各自拥有的信息不同，如果有谁不参与小组讨论，就无法获取他人所拥有的相关信息，全组的旅游计划就无法完成。

一般情况下,小组活动中的任务划分为两类:信息自由提供型任务（optional information exchange task）和信息轮流交换型任务（required information exchange task）。第一个小组活动属于一个典型的信息自由提供型任务,完成这样的任务时,每个参与者拥有的信息量是相同的(都来自教师给出的语言和视频提示),这样,在小组活动中,是否参与语言活动就由参与者自行决定了,因为每个参与者的信息并不是完成小组活动所必需的条件。也就是说,即使小组中有人不参与语言活动,"制订旅游计划"的任务也同样可以完成。重新设计后的小组活动则属于信息轮流交换型任务,它与信息自由提供型任务有所不同,它要求每一个成员必须把自己所拥有的、别人不知道的信息提供出来,只有小组成员把自己拥有的信息与其他成员轮流交换,才能完成任务。换言之,如果小组中有人不参与语言活动,任务就不能完成。这样的任务,要求每一位成员都必须参与语言活动。在小组活动本身的要求下,平时比较害羞、不敢开口的学生也能获得较为均等的发言机会。

在小组活动中,遇到学生参与语言活动机会不均的问题时,大多数教师主张通过调整小组成员的学习水平、个性特征和性别等差异来解决。事实上,通过小组任务活动类型的选择和设计,尽量多地使用信息轮流交换型任务,更有利于保护、刺激和调动学生全员参与语言活动的积极性。

## 三、努力提高目标语的达成度

Scovel 认为,在二语习得过程中,学习者在用第二语言/外语说话或写作时,经常避免艰涩的词汇或结构,避免与母语结构不同的表达法,而选用比较简单的语言,以求不犯什么语言错误。这就是语言学习过程中的"回避"策略(the Strategy of Avoidance)。

初中学生缺乏基本的语言积累,又具有敏感的自尊,在语言活动过程中,为了表现得正确无误,他们通常会潜意识地采用"回避"策略,习惯性地使用自己已经熟练掌握的词汇和句子去参与语言活动。这样的参与形式,不利于课堂目标的实现和学生语言能力的发展。在设计语言活动的过程中,教师需要具有防止"回避"的意识,努力让学生使用所学的目标语参与语言活动,有效达成课堂教学目标,不断发展学生的语言运用能力。

## ➢·典型案例·➣

教学过程中先后出现了 enough to..., too... to..., so... that... 等表达结构,教师为了让学生将这样的语言知识内化为自身的语言能力,设计了以下语言活动:

看图描述。要求学生以语言接龙的形式描述图片内容,每说出一个正确的句子可以得到1分奖励。图片中给出的情景是:两个男孩,一个瘦高一个矮壮;两个木箱,大的放在地上,小的放在柜子上。

S1：There are two boys and two boxes in the picture.
S2：One boy is thin and tall.
S3：The other is short and strong.
S4：The box on the floor is big.
S5：The box on the cupboard is small.

## ♦ 案例反思 ♦

案例中,学生正确描述了图片,使用的句子也正确无误,但可以看出"回避"策略在明显地发挥着作用,学生并没有运用教师希望操练的上述结构。

如果开展上述活动时,教师板书 enough to..., too... to..., so... that...,并鼓励学生使用这些结构,使用这些结构描述正确者,每句话可以获得5分奖励,这样,学生就会努力使用如下语言描述图片所表现的情境了:

The thin boy is tall enough to get the small box on the cupboard. But he is too thin to carry the big box on the floor. The short boy is so strong that he can carry the big box. But he is too short to get the small box on the cupboard...

教师在设计语言活动时,如果疏于防范学生采用"回避"策略,尽管语言活动能够进行,但其活动效果会大打折扣。反之,如果教师设计多种辅助手段,适度监控语言活动,引导学生大胆尝试使用目标语言,就会实现语言教学活动的最大效益。同时,在防范学生采用"回避"策略的过程中,教师还需要注意以下几个方面:

(1) 不能影响学生参与语言活动的积极性。学生只有积极参与语言活动,才能在语言活动中将语言知识内化为语用能力。无论开展什么样的语言活动,教师都要尽最大努力保护学生参与语言活动的积极性。教师设计的语言活动无论有多合理,只要学生不愿意参与,这样的活动就是无效的语言活动。如果因为防范学生采用"回避"策略,而使得学生没有兴趣参与语言活动了,这样的防范不仅无益于目标语的达成,而且还会影响学生进一步的语言学习。

(2) 不能破坏语用环境。在不同的语用环境中,使用的话语不同,自然常用的语言结构也不尽相同。上述图片营造的语用环境非常适合使用 enough to..., too... to..., so... that... 等语言结构,学生在使用这些语言结构的时候,会感觉到把图片提供的语用环境描写得非常准确,描述这样的语用环境需要的正是这些语言结构。这样的防范和控制就会非常有效。

(3) 不能远离学生的"最近发展区"。教师应把语言活动控制在学生的"最近发展区"内。学生在参与过程中,既能挑战自我,也能享受到成功的喜悦,学生就会尽最大努力去参与。如果教师因为防范学生采用"回避"策略,而远离了学生的"最近发展区",学生非但不能参与到语言活动当中,他们学习语言的积极性还会受到挫伤。

## 四、遵循语言教学的基本规律

新课改强调加强课程内容与学生生活的联系,关注学生的学习兴趣和经验。追求生活情境化的英语课堂教学无可非议,但是,有些英语课上出现了一种一味体现"生活情境"的现象,教师热衷于在所有的教学环节中都设计"生活情境"化的课堂教学活动,以为只要英语课堂教学"生活情境"化,就是遵循语言教学的基本规律了。事实上,如果我们缺乏对语言教学基本规律的探索,就无法弄清在什么教学环节需要设计什么样的"生活情境",才能让学生更为有效地学习、运用、掌握语言知识,提高语言能力。

### ❧·典型案例·❧

译林版《英语》八上 Unit 3 的 Reading 部分的课题为"Around the world in a day",课型是阅读课。教师将整节课分为三个教学环节:准备导入(用时 6 分钟),阅读理解(用时 15 分钟),情境展示(用时 24 分钟)。以下是教师创设的情境展示环节:

教师将全班分为 8 个小组,要求每个小组模拟生活情境,完成以下三项任务:一是,要求每个小组选择一个当地的名胜,讨论 where to go,when to go,how to go,why to go 等问题;二是,小组分角色,模拟表演"问路指路"这一生活情境;三是,每小组推荐两名学生,以对话形式展现本组的旅游经历。

♦ 案例反思 ♦

从教学环节的时间分配就可以看出,教师把本节课的重点放在了情境展示环节。但是,从展示效果看,大多数学生的表现并不理想。课后,当笔者问及为什么把课堂教学的大多数时间(24 分钟)用于情境展示时,教师的回答强调了两个方面:让学生在生活情境中学习语言和突出学生的主体地位。当问及为什么学生在表演中不能踊跃参与,且语言形式错误频现,同时,学生也极少运用到阅读材料中的语言结构时,教师无言以答。显然,教师在设计课堂教学活动时,一味追求课堂中的生活情境和对学生主体地位的片面理解,影响了教师对英语教学基本规律的理解和探索。这样的课堂教学活动明显存在以下两个方面的问题:

**1. 忽视了对语言输入方法和途径的探讨**

外语教学条件下"输入为主"是基本原则(而不是"产出为主"),这是强调教师的呈现和学生的学习过程。生活情境类的语言活动有助于引导学生进入主动学习状态,但是,如果教师缺乏对语言输入方法和途径的认识和探讨,不能根据学生的语言知识基础和个性心理特征,通过多种途径设计出丰富多彩的语言输入活动,学生的主动学习状态就不能在"生活情境"中长久保持,学生就不能形成有效语言输出。上述情境展示时,学生没有经过多种形式的有效语言输入活动,还不能将阅读材料中的语言表达形式内化为自己的语言表达能力,自然就不能在展示中运用阅读材料中的语言结构来表情达意。学生有话说不出,也就不会持久地积极参与这样的展示活动了。以为学生在生活情境的展示中就能够学好英语,把有限的精力大量地投放到这样的生活情境之中,教师就会忽视对语言输入方法和途径的不断探讨,课堂教学活动就会偏离语言学习的基本规律。

## 2. 未能处理好语言形式与语言意义的关系

教材内容不等于生活语言。生活语言强调语言意义,教材的编写内容则更为注重语言形式和语言意义的有机结合,并非直接照搬课堂外真实交际生活的第一手材料。过度追求生活情境的课堂往往忽视语言形式在语言学习过程中的重要作用。课堂教学与真实生活不同,它具有规范性、目的性、经济性和教育性等特点,英语对话的编排要考虑词汇、语法、语用能力和交际能力等形式与功能方面的教育。强化语言形式的作用指的是学习者已经懂得意义和用法后,应再将注意力集中于其形式上。以形式为中心实际上要求学习者注意意义和用法以及它们相应的语言形式。教师未能处理好语言形式和语言意义的关系,必然导致学生在语言运用的过程中错误频现。在教学过程中,一味地追求情境展示容易忽略语言形式与语言意义之间的关系。

**参考文献**

桂诗春.2010.关于我国外语教学若干问题的思考[J].外语教学与研究(4):275—281.

王初明.2010.互动协同与外语教学[J].外语教学与研究(4):297—299.

## 细节 14

# 关于巩固操练

### 细节阐述

巩固操练是指,教师根据课堂上新呈现的语言知识,组织学生用多种方法,对新的语言内容进行机械性和有意义的操练并行的口、笔头练习。巩固操练,能够使学生进一步认识理解所学的语言内容,初步掌握所学语言内容知识结构方面的内在要求,为更为灵活地使用语言表情达意打下基础。巩固操练是实现对新学语言结构进行拓展运用的前提,巩固操练是语言教学过程中必不可少的一个环节。

对于语言教学,巩固操练具有如下功能:一是,运用不同操练方法帮助学生认识、理解所学语言的表达形式;二是,充分利用学生的机械记忆,通过大量循环式的机械练习,使他们在理解的基础上能够准确地模仿使用所学语言;三是,在操练活动中,通过有效的有意义的训练,帮助学生进一步理解和认识语言新的表达形式,并能把所学语言知识渐渐转化为语言技能。

## 一、操练形式多种多样

在语言知识和语言结构教学过程中,巩固操练是必不可少的一个教学环节。但是,在实际教学过程中,部分教师在思想上不太重视巩固操练,常常把巩固操练活动异化为机械的死记硬背。事实上,非常有必要也完全有可能在教学过程中开展丰富多彩、形式多样的巩固操练类的活动。

**例1：接龙式操练**

按照动物体积，由小至大接龙操练：

mouse→bird→cat→dog→monkey→tiger→zebra→elephant...

不同单词首尾同字母接龙操练：

book→knife→egg→good→door→room→moon→not→tooth...

**例2：联想式操练**

以单词 foot 为中心的相关联想操练：

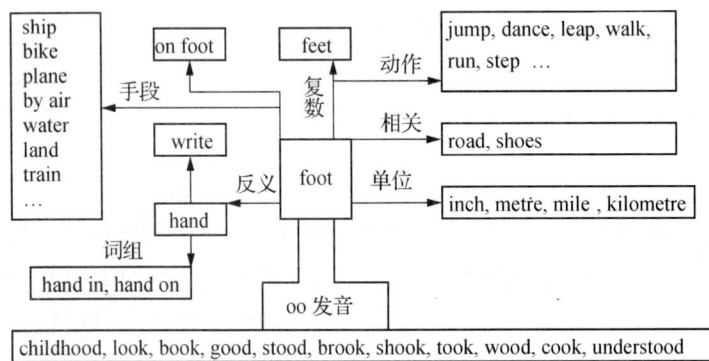

**例3：替换式操练**

教师举起图卡，上面画着邮局，并写有"on Street A"字样。然后师生根据这个图卡的提示进行问答。

T：Where's the nearest ..., please?

Ss：It's ...

对同一例句中的不同成分进行单词替换。替换词由教师通过卡片、口头或板书等形式呈现。

T：I love spring, because it's not too hot.

S1：I love summer, because I can swim.

...

**例4：转换式操练**

教师说学过的句型，让学生把它转换成同义句或近义句表达出来。

T：I want to go camping.

S1：I'd like to go camping.

T：The girl is Lucy. She is in red.

S2：The girl in red is Lucy.

**例5：扩充式操练**

如学习 penfriends 一词时可做如下的扩充式操练：

penfriends
make penfriends
want to make penfriends
Mike wants to make penfriends.
Mike wants to make penfriends in China.
Mike wants to make many penfriends in China.

操练"I usually study English on Sunday in the library."这一较长的句子时，教师可以为学生口头提供提示词，要求学生采用扩充式操练把提示词加到句子中去。

T：I study English.

Ss：I study English.

T：on Sunday

Ss：I study English on Sunday.

T：usually

Ss：I usually study English on Sunday.

T：in the library

Ss：I usually study English on Sunday in the library.

**例6：语言游戏式操练**

T：Let's play a game called "What's your dream?" Work in pairs and tell each other your dream and what you expect to happen. Use the phrases "dream of" and "be honest with" in your sentences.

S1：I dream of becoming an important writer. But to be honest with you, I know I shall be very lucky if I work for a newspaper.

S2：I dream of being a film star. But to be honest with you, I know I can't act well.

……

采取什么样的巩固操练形式，取决于想要实现的操练效果，需要顾及操练的内容、操练的目的和学生的具体情况等因素。一般情况下应该考虑以下几个方面：

### 1. 目的明确

操练的主要目的是，组织学生按要求套用所学语言结构规则，并在操练过程中逐步加深对所学内容的理解，为接下去的拓展运用、提升语用能力做好准备。巩固操练阶段主要关注语言的表意和语言用法的正确性。在该阶段，要及时规范学生模仿的语言，努力使学生在能正确发音的同时，理解语言表意，并能模仿性地运用所学语言。

### 2. 难度适宜

难度适宜指的是对学优的学生不能太易，对学困的学生不能太难。英语学习中层次差别现象普遍存在，巩固操练的内容过浅或过深都会影响练习的效果。巩固操练阶段就要力求学困生能跟上，能够参与操练活动，学优生感兴趣，乐于参与，并能不断提升语用能力。在操练的初始阶段起点要低、步子要小，在操练的过程之中要有不同层次的不同要求。通过操练，大多数学生都能够有所收获是难度适宜的重要标准。

### 3. 设计合理

操练要由浅入深，由易到难，形式多样；从字词到句章；从机械操练到意义表达；从单项替换到多项替换；先集体操练后个体检查；多集体操练，少个体练习。要注意操练过程中的梯度，掌握好不同操练的时机。比如，刚学到数字，就不宜立即进行加减运算，此时可以搞一些诸如点名、报数、询问时刻之类的简单活动。刚出现完成时态，需要进行大量的构成和表意方面的操练，等到学生对其熟练掌握了，再进行和过去时态、进行时态比较方面的操练。

## 二、有意义的操练尤为重要

有意义的操练是针对机械操练而言的。在很多操练活动中，既有机械操练的成分，又包含有意义的操练。下述三个关于方位介词的操练就是如此。依次对比，有意义的操练的成分在逐渐增大。巩固操练的起始阶段一般多用机械操练的形式，后期多以意义操练为手段。有意义的操练就是将语言的结构、语言的意义与语用功能有机结合起来，赋予语言操练活动一定的实际意义。

> 典型案例 ◄

方位介词的用法是初中英语的教学内容之一。不同的教师在巩固操练过程中采用了不同的操练方式。

一是,教师用卡片逐个出示方位介词,学生用方位介词填空后,朗读句子(画线部分为学生所填的方位介词),教师再对句中出现的方位介词逐个领读,最后拼写、默写这些方位介词。如:

S1:The cat is in the box.

S2:The cat is on the box.

S3:The cat is under the box.

S4:The cat is behind the box.

……

二是,教师出示多张简笔画,表现了一只猫和一个盒子的不同位置关系。学生看着简笔画说出句子。如:

S1:The cat is in the box.

S2:The cat is on the box.

S3:The cat is under the box.

S4:The cat is behind the box.

……

教师对句中出现的方位介词逐个领读后,又要求全班齐读、分组齐读、个别朗读,再然后是拼写、默写这些方位介词。

三是,开展有意义的对话活动。如:

T:(盒子里放着一本书)Can you see what's in the box?

S1:Sorry, I can't.

T:(从盒子里拿出书)It's a book. If the book is in the box, you can't see it. (把书放于盒子的下面、后面……) If I put the book somewhere else, can you see it?

S1:Er... I can't see the book if it is below/behind... the box.

T:Great! (把书放在盒子上)Now, can you see the book?

S1:Yes, I can.

T:(把书放于盒子的前面、旁边……)Can it be seen now?

S1:Yes, it can. I can see the book if it is put in front of/next to/outside/beside... the box.

T: Well done.

在对话活动的基础上,要求学生归纳小结出对话中出现的方位介词。

♦ 案例反思 ♦

有意义的操练从注重语言的形式转向了注重语言的表意内容,在进行有意义的操练时,学生的认知也很自然地从知识的外部特征转向了知识的内在联系。上述第一种操练,学生主要是关注方位介词在句子中的位置,只要把方位介词的位置放对了,就可以参与此项语言活动了,甚至,学生即使不太清楚某个方位介词的表意,也能参与此项操练。第二种操练,教师出示的简笔画已经规范了猫和盒子的不同位置关系,学生要想参与操练,必须弄懂不同方位介词的不同表意,才能准确表达简笔画的意思。这样的操练,在操练方位介词的同时,也在引导学生关注语言的表意内容。第三种操练,有意义操练的意识更为强烈。这样的操练比机械操练更具真实性和实用性。在巩固操练环节中,教师应千方百计地设计语言活动,引导学生在反复的语言操练过程中既巩固所学的语言内容,又参与模拟真实的语言活动。有意义的操练赋予了语言表意内容,有利于激发学生参与语言操练的兴趣。

做好有意义的操练,教师需要努力做到以下几个方面:第一,活动的指令要清晰,让学生明确地知道参与什么活动,如何参与活动。为了指令清晰,教师可以采用恰当的方式给予示范。第二,创设恰当的语用环境。恰当的语用环境有益于达成操练目的,也能够让学生明白自己操练所表达的实际意义。第三,尽量减少控制。让学生在师生对话、生生对话的过程中参与语言活动,表达自己,表现自我。有意义的操练应该介于控制性练习和交际性练习之间,它是知识的巩固、知识的内化,是从知识到能力的转化过程中的必备桥梁。

## 三、在操练中提升语用能力

机械的语言知识和语言结构操练可以促使学生记忆知识,从而为提升语用能力奠定知识基础。但是,如果教师通过语言活动的设计,充分发挥出语言表意的作用,在操练过程中,让学生在语境中积极运用语言知识，表达自己要表达的意思，则不仅可以调动学生参与语言知识操练的积极性，还有利于实现语言知识积累和语言能力提升的同步进行。

### ➤·典型案例·➤

T：I like travelling. Thailand is a wonderful place to visit. I have been to Thailand once and I travelled to Nanjing yesterday. I have been in Nanjing for a day. My friend has gone to Hainan. She will come back tomorrow morning. Now, there are three phrases here. Do you know their differences?

（视频显示：have/has been to..., have/has gone to..., have/has been in...）

Ss：Yes.

T：Can you make sentences with them? Try to make some interesting sentences.

S1：I have been to Shanghai twice.

S2：My head teacher has gone to the Experimental Second School.

S3：He has been here for about an hour.

...

T：Good! You have got the differences of "have/has been to", "have/has gone to" and "have/has been in". Now let's complete Sandy and Kitty's conversation.

接下来，学生笔头完成教材中的练习（现在完成时态在语境中的运用），然后，师生共同口头操练，教师适时纠正学生的操练错误。

### ♦ 案例反思 ♦

现在完成时态既是初中英语教学中的重点也是难点。理想的巩固操练不仅要能够突出重点、化解难点，还要能够实现在操练中提升学生语用能力的目的。上述环节的设计对初中英语语法操练进行了有益的探索，值得我们思考借鉴。

这样的巩固操练设计优势显而易见：一是，这是巩固操练环节，学生对现在完成时态的构成和用法已经有了一定的认识，通过这一环节设计的说、读、写训练，可以进一步深化巩固他们已有的现在完成时的相关知识。二是，这里的说、读、写训练置现在完成时态于语境运用之中，有利于培养学生实际的语言运用能力，而不仅仅是对现在完成时构成形式的机械认识，这样的语言活动有利于学生综合语言运用能力的发展。三是，在语境中进行语言知识训练，学生会明确地感受到语言本身的表意，就会觉得语言学习有意思，就不会感到乏味，这有利于培养学生的语言学习兴趣，有益于学生的后续语言学习。

巩固操练不仅是为了让学生积累语言知识，还要有益于学生学会使用语言知识。在语用情境中，通过语言活动操练语言知识，有利于发展学生使用语言知识的能力。"学会使用"就是强调学生要学会在真实的语言情境中用学到的语言知识去表达、传递信息和交流情感。

在巩固操练过程中，教师应该向学习者提供各种机会，让他们接触、处理、使用所学语言的语法规则和结构，使得所学的语言知识能够为提高自己的语言表达能力服务。因此，如何创造和设计有意义的语境，在巩固操练过程中，让学生在语言实践时进行语法复习检查，实现既积累语法知识又提升语用能力的目的，是我们面临的挑战，需要我们不断实践、思考。

**参考文献**

[加]斯特曼. 1999. Issues and options in language teaching(语言教学的问题与可选策略)[M]. 上海：上海外语教育出版社.

## 细节 15

# 关于评价反馈

## 【细节阐述】

课堂中的评价反馈是课堂教学的重要组织形式,贯穿于课堂的始终。课堂反馈具有即时评价的功能。适当的反馈能激励学生积极主动地参与到课堂中,激活学生思维,促进真实有效的课堂互动。

教师反馈语是学生语言输入的一个重要组成部分,对学生的认知和情感发展都有重要的影响。通常反馈可以分成评价性反馈与话语性反馈。评价性反馈主要指教师提出展示性问题,教师在学生回答后进行评价(表扬、批评、补充、重复、鼓励等),重视的是语言形式;话语性反馈的目的是针对学生的回答作进一步的追问,引导学生参与更多的会话,给学生更多自我表达和语言输出的机会,重视的是内容的评价。无论是哪种类型的反馈形式,其目的都是为了激励和评价学生的学习行为,帮助学生在学习中获得自信心和成功感,启发和激活学生思维,激发学生继续进行积极、有意义的课堂互动。

## 一、适当进行评价性反馈

师生、生生对话是英语课堂常见互动形式,适当的评价反馈能起到承上启下的作用,自然推动教学进程。然而,不少教师在互动之后关注更多的是教学活动的推进,忽视了及时、适当的评价反馈的教学功能。

## 典型案例

教学内容：译林版《英语》八下 Unit 1 的 Reading Ⅱ（教师引导学生根据课文复习陈先生的生活变化并完成表格，然后要求学生根据图片提炼出阳光镇变化的几个方面）

T：Look at the pictures. What changes are they about?

S1：This is Mr Chen... I think they are about the family.

T：Yes, it's about the family member. Then what about this picture?

S2：Mr Chen used to live in a small house. It's about their home.

T：Good. It's about their living place. And this one?

S3：The river is dirty. It's about the pollution.

T：Sorry, it's about the environment. And the last one?

S4：... life...（该学生没有流利说出答案，愣住了）

S5：Lifestyle.（后排一个学生轻声说）

T：Oh, you please.（教师立刻转向说出答案的学生，而前一个学生则尴尬地站着）

## 案例反思

在案例中，教师希望学生的回答总是符合教师的设计，以避免浪费宝贵的教学时间，保证课堂教学的进展不受影响。因此，当学生没有说出教师设定的答案时，教师就会迅速地引出标准答案，甚至抛下没能回答问题的学生不管。教师的反馈存在一个问题，那就是以教为中心，忽视了学生的学的需求；以教师为中心，忽略了学生的情感体验，忽略了学生的参与和互动。叶澜教授曾经说过，"课堂应是向未知方向挺进的旅程，随时都有可能发现意外的通道和美丽的风景，而不是一切都必须遵循固定线路而没有激情的行程"。英语课堂是师生、生生、生本、师本互动的过程，在互动和交流中学生的思维和灵感被激活，新的思想和语言不断生成。教师在课堂上不能拘泥于备课时的预设，只求按部就班地完成教学任务,而无视学生的参与和互动,无视学生的情感体验。

然而,正如本案例,日常教学中以教为中心进行的反馈司空见惯。究其根本,是教师的教学观存在问题,继而使反馈失去其应有功能。教学要保证"多向互动"和"动态生成",体现知识对学生的可理解性和建构性(王凯,2014)。为此,教师应优化评价反馈的方式,从以下三个方面发挥课堂反馈的积极作用。

1. 善于倾听,避免重复式反馈

一些教师出于习惯喜欢重复课堂中学生的应答话语,占用了很多师生、生生之间互动交流的时间,影响课堂师生对话的质量以及学生参与课堂活动的积极性。教师应选择性地重复学生话语中精彩的观点或需要强调的短语和句子。这样的重复是对学生回答的认可和肯定,而且起到突出重点、强化用法的作用;教师也可用重复来提醒学生完善和修正答语,帮助学生形成自我修正的能力,提高语言表达的正确性。

2. 个性评价,避免单一式表扬类反馈

不少教师经常用"Good.","Great.","Wonderful.","Very good.","Excellent.","You really did a good job."等对学生进行评价反馈。学生每回答一个问题,教师都会大加表扬,一个简单的问题教师也会说"Good. You're really a clever boy.",这样的反馈言过其实,给人虚假、应付、不真实的感觉。廉价的、不恰当的、过度的表扬容易使学生产生自满情绪和思维惰性,不利于启发学生深入思考,进行积极的语言输出。

3. 形意结合,不回避纠错

课改以来一些教师认为纠正学生的语言错误会挫伤学生学习的积极性,有违课标理念,于是对学生的错误概不纠正,熟视无睹。对于学习第二语言的学生来说,仅有可理解性的输入和输出是不够的,如果缺少直接或经常的纠错反馈,会导致语言的"石化现象(fossilization)",成为学生今后学习的障碍。教师运用适当的纠错性反馈(如教师重述错误),可以引起学生及时的话语反应(即接纳),促进学生的语言学习。

例如,在一节讲解 because 和 because of 用法的语法课中,授课教师首先让学生听了一段去动物园观看动物表演的录音,然后师生就录音内容问答。

T：Why did all the people cheer after the show?

S1：They cheered because of the wonderful show.

T：Can you say the sentence in another way?

S2：All the people cheered because the show is wonderful.

本节课的目标语法项目是 because 和 because of 的用法，教学难点是 because 主句和从句时态要保持一致，如果主句用一般过去时，从句也要用过去的时态。然而教师对画线部分时态错误置之不理，按照预设教案继续上课。这种回避纠错的评价反馈形式不利于学生学习和掌握语言知识和语法规则。实际上，教师可以改变语调，重复主句，特别着重 cheered，提醒学生注意时态，引导学生自己修正答案，从侧重语言意义转换到聚焦语言形式，帮助学生理解并注意 because 主句和从句时态一致的原则。

## 二、以追问引发学生语言生成

追问是英语课堂常用的一种话语反馈形式。教师通过追问，可以引起互动中的意义协商，有助于学生发现自己表达中存在的语言形式和逻辑问题，也可以开启新的话轮，引起学生深入思考问题，提高思维的品质，促进新的语言生成。

### ▶ 典型案例 ◀

译林版《英语》七下 Unit 6 Outdoor fun 第一课时的学习目标是了解户外活动的名称，谈论最喜欢的户外活动类型及原因，激发学生参加户外活动的兴趣。

T：What outdoor activities do you like best?

S1：I like going skating.

T：Why do you like going skating?（第一次追问，询问学生为什么最喜欢滑冰）

S1：Because it is exciting. I feel like flying and it's good exercise.

T：But you must be careful when you are skating.（有关滑冰的安全提醒,对对方答语进行后续评价,体现交际的真实自然）

By the way, do you like riding horses?（第二次追问,新的话轮的开始,将会话继续下去）

S1：No. I'm afraid of falling off because horses always run quite quickly. What about you?

T：I really love horse riding.（教师谈论对于骑马的看法）

S1：What do you like about horse riding?

T：...

### ♦ 案例反思 ♦

英语口语教学要达到"能引出话题并进行几个话轮的交谈,能有效地询问信息"等技能目标（教育部,2012）,而学生话语输出的质和量是衡量英语课堂教学有效性的重要方面。教师在教学过程中应鼓励学生表达自己的真实感受,传递真实的信息,讲述真实的生活经历,而不是背诵和转述课本中或他人的文字或话语,这样学生才能"言之有物"（龚亚夫、罗少茜,2003）,在新旧知识的不断整合和内化活用中,创造精彩的语言输出,语言运用能力不断获得提高。教师要有一定的敏锐性和灵活性,用心去体会并捕捉学生语言的闪光点和特别之处,不断引发学生积极的语言输出,促进学生的语言发展和语言能力跨入"最近发展区",实现 i＋1 的语言输出。

追问是会话中增加话轮的常见策略。追问是指教师针对学生应答话语中的某一信息,进行追加提问,在意义协商中获取更多信息。当学生回答表达不够明确、过于简洁或者教师对某一话题很感兴趣时,教师追问能使学生的回答更完整,使师生会话更自然真实,学生也会在对话的意义协商中获得更多语言表达的机会。教师在师生会话中要做好示范作用,渗透追问策略,增加话轮的次数,提高学生语言输出的质和量。初中生会话中习惯于以简单的词、句应答,教师运用追问能创造更多的话轮和机会,培养学生用英语表达的习惯和能力。

上述案例中,教师以"Why do you like going skating?", "By the

way, do you like riding horses?"追问学生喜欢滑冰的原因和是否喜欢骑马,加以有关滑冰的安全提醒"But you must be careful when you are skating."和教师自己关于骑马的看法"I really love horse riding.",师生之间的对话得以延续,体现了交际的自然和真实,引发了学生更多的语言输出:Because it's exciting and I feel like flying... No. I'm afraid of falling off because horses always run quite quickly. 教师的反馈性话语给学生更多的机会表达思想和观点,激发学生更多有价值的语言输出,学生思维更活跃,语言输出更精彩,师生间交流互动更自然。

第七届全国初中英语课堂教学研讨会上,一位授课教师提出问题: Which animal do you like best? 学生给出很多不同的回答,如 dogs, parrots, cats, giraffes, elephants, camels, monkeys 等等。其中一名学生的答案却是:"I like wolves best."为什么这个学生最喜欢狼?是为了避免与前面的学生回答相同,还是性格原因?让人遗憾的是该教师继续上课,没有对该学生与众不同的回答进行追问。

教师的反馈不应仅是感叹、表扬或评价等终止性话语反馈,还应包括激发另一个交际的开始的反馈,即反馈应同时与下一个交际密切相关。教师可以根据需要采用 IRF(Initiation—Response—Follow-up)的课堂互动模式,借助于追问等话语性反馈方式不断引发学生新的语言输出,促进课堂互动。如在谈论国庆节假日计划时,笔者以问题"National Day is coming. What are you going to do during the holidays?"发起对话,一学生回答"I am going to Beijing.";因为该单元主题是"Travelling",涉及很多关于北京的景点和活动的词汇及短语,笔者以"What places would you like to visit in Beijing?"引出学生回答"I plan to visit the Summer Palace.";笔者继续追问"What are you going to do in the Summer Palace?",引发更多细节内容"I'm going to walk around the lake and enjoy the beauty of the old park."。师生对话中的追问策略也被学生所效仿,在接下来的生生对话中,学生应用追问,创造了很多精彩的对话。

## 三、让学生参与到评价反馈中

受传统教学思想的影响,在课堂中评价的主体通常是教师,教师把握着课堂的话语权和评价反馈权,似乎只有教师才可以对课堂中学生的表现和语言做出评价反馈。评价主体单一是目前英语教学中的普遍性问题。教师需要在教学过程中运用学生自评和学生互评,让学生自己成为评价者和被评者,可以以口述、书面和讨论等形式进行。

课堂中,学生应该是评价的主体。学生自我评价和相互评价,不但能突出和发挥学生在评价中的主体地位,提高学生的独立性和自主性,而且注重学生群体在评价中的协商和沟通。学生自评和互评,要求学生时常自我反思,又要求学生用心聆听他人的观点、捕捉重要的信息,更要求学生倾听时分析问题、找出问题并口头或书面表达如何改进的建议和看法。

### ➤• 典型案例 •◄

教学内容:译林版《英语》七下 Unit 1 的 Reading 第二课时 Homes around the world。教师在课前让学生将自己的家拍成照片和视频。在展示环节,教师让一些学生向全班展示并介绍自己的家。

以下是教学实录:

T: Boys and girls, who'd like to show us the picture of your home and describe it?

S1: Let me try. Look, this is my home. It is a flat on the sixth floor of a tall building in the City Garden. We have a big sitting room. My parents and I often chat or watch TV there. I have my own bedroom. I usually lie on the bed and listen to music. Sometimes, I chat with my friends there on the phone. It's my favourite place. Do you like my home? Welcome here!

因为课前认真的准备,学生的语言非常精彩,有很多超越教材的发挥。然而,遗憾的是,每个学生展示完后,教师未做任何语言或内容的评价和反馈,只是让全班学生鼓掌,为这些学生的精彩表演喝彩。

◆ **案例反思** ◆

上述案例中,学生展示介绍自己的家后,教师没有引导学生进行评价,而是继续下一个学生的展示。展示的学生没有得到教师及时的肯定和表扬,其余听课学生缺少明确的听力目标和要求,而且因为展示的学生说得很快,许多学生都无法完全听清。这样的交流展示活动流于形式,徒有其表,失去了应有的价值意义,课堂失去了互动性和实效性。

上述案例中教师在让学生展示交流前,应提出问题,让学生带着问题去欣赏和倾听。本课的主要内容为介绍家的各个房间,自己最喜欢的地方,经常在那里做的事情,所以教师可以用以下几个问题引导学生做好的听众(Be a good listener):

(1) How many rooms are there in his/her home?

(2) What is his/her favourite room?

(3) What does he/she like to do there?

(4) What do you like best about his/her home?

在课程实施的过程中,评价应起到监控教学过程、反馈教学信息、激励学生学习、促进教师改进教学的重要作用。评价要有利于学生不断体验学习过程中的进步与成功,有利于学生认识自我,建立和保持英语学习的兴趣和信心;评价要有利于教师获取英语教学的反馈信息,并对自己的教学行为进行反思和调整(教育部,2012)。学生是学习的主体,也是评价的主体。评价标准的确定、评价内容和方式的选择以及评价的实施等均应以促进学生的发展为目标。在各类评价活动中,学生都应是积极的参与者和主动的合作者(教育部,2012)。在设计和实施评价的过程中,教师应根据各阶段教学的特点和评价目的,选用学生自评、学生互评和师生共评等方式。

1. 自我评价

学生自评是促进学生反思自己的行为,找出缺点和不足,及时进行调控改进的最佳评价方法,真正体现"评价反馈促进学生发展"。教师应指导学生了解分析自己学习中的问题,做出既不太高、也不太低、合乎实际的自我评价;要教给学生科学的自我评价的方法,指导学生通过自我反省和与他人评价的对比分析，认识自我，树立自信，主动反思调控学习策略的使用，不断明确自己努力的目标和方向。

例如，译林版《英语》初中教材每个单元最后增加了一个 Self-assessment 板块，旨在引导学生在每个单元学习以后，自我评价，发现学习中存在的问题，并及时进行改进。Self-assessment 板块中的"I can"是该单元的整体学习目标。教师要引导学生将该板块与单元内容的复习结合起来，使得学生感受学习的进步，发现自己的不足，针对学习中存在的问题采取一定的措施来改进和弥补。

### 2. 学生互评

学生互评是学习评价改革中的重要举措。学生互评可以以小组为单位，组长负责，组员依次汇报自评情况。组员之间合作互助，解决存在的问题和薄弱项目。学生互评过程中，教师应重视对学生的指导，引导学生对他人做出科学、合理、公正的评价，评价中要做到加强交流、互动合作。例如，学生互评（同伴反馈）在过程写作教学中的积极作用，正逐渐得到越来越多的专家与学者的探讨和认同。教师可以设计写作评估量规，将同伴反馈与教师反馈结合起来，帮助学生更有效地修改作文，促使学生英语写作水平不断提升。

### 3. 师生共同评价

教师应注意教师评价、学生自评与学生互评的结合，在学生自我评价和相互评价的基础上，发挥教师的引领和指导作用。评价应关注学生综合语言运用能力的发展过程以及学生在学习过程中情感态度、价值观念、学习策略等方面的发展变化，关注过程和关注结果相结合。评价中要体现"以人为本、促进个体和谐发展"的评价原则，以爱心为基础，以灵活为原则，以促进学生发展为目标，帮助学生学会评价，主动参与评价，促进学生的能力和素养的发展提高，促进学生的终身发展。

### 参考文献

龚亚夫, 罗少茜. 2003. 任务型语言教学[M]. 北京：人民教育出版社.

王笃勤. 2002. 英语教学策略论[M]. 北京：外语教学与研究出版社.

王凯. 2014. 试论学校课程设计的二度回归：哲学考量与实现路径[J]. 课程·教材·教法(3)：13—19.

许峰. 2003. 大学英语课堂提问的调查与分析[J]. 国外外语教学(3)：30—34.

中华人民共和国教育部. 2012. 义务教育英语课程标准(2011年版)[M]. 北京：北京师范大学出版社.

## 细节 16

# 关于课堂延伸

## 细节阐述

英语教学中,教师往往重视课堂,忽略课堂以外的学习。英语是一门实践性很强的学科,学习者需要进行大量的语言操练和运用才能逐步内化、吸收。英语学习需要在课堂教学的基础上,向课堂外延伸。与课内学习同理,课堂延伸学习也应突出教师主导、学生主体的作用,才能保证学习的效果。课堂延伸学习主要包括复习巩固、实践活动、预习三个方面。

首先,优化巩固性作业设计。课堂教学时间有限,学生的基础参差不齐,这就需要学生在课后以适当的方式巩固和运用课堂所学知识,提升技能。教师应注意优化巩固性延伸学习方案(课后作业或家庭作业)的设计,既要达到巩固效果,又能激发学生兴趣,满足学生不同层次的需求。其次,拓展学用渠道。语言的实践性和工具性特点决定了英语学习是一个自主拓展、永无止境的过程。课堂书本知识和技能的教学为学生的课外拓展学习提供了语言基础,也为学生的自主学习提供了示范。教师应指导学生抓住一切学习和运用英语的机会,在课外积极拓宽学习的渠道。最后,引导前置学习。就整个英语学习而言,课堂延伸是一个宽泛、长远的概念;就具体课时学习而言,课堂延伸的最近节点是下一节课。前置学习,体现了先学后教的理念,是课堂学习的必要准备,有利于课堂学习的顺利推进。

## 一、优化课后作业的设计与评价

课后作业是巩固课堂学习的重要环节,也是学生课后自主拓展学习的重要时机。因此,课后作业设计既要体现巩固课堂所学的特点,有一定拓展性,又应考虑作业的形式,避免布置简单、机械的作业,让学生学有所用、学有自主、学有所乐。

➤• 典型案例 •◄

观察一位教师布置的译林版《英语》八下 Unit 6 第一课时的课后作业:

1. 抄写生词(deaf, homeless, poor, elderly, blind, disabled)三遍,中文一遍,默写一遍;

2. 背诵、默写对话一遍。

◆ 案例反思 ◆

上述案例中课后巩固作业的布置在教学中很常见,存在四方面的问题。一是作业形式枯燥,不能激起学生作业的兴趣。重复可以达到一定的巩固效果,但简单重复消磨的是学生学习英语的兴趣。二是没有全面发挥作业的功能。以识记形式为主的作业固然对巩固、积累知识有一定作用,但是学习知识的目的是为了运用,机械的作业只会导致学生机械地学习,认为学习英语就是死记硬背,不利于学生把知识转化为能力。三是没有考虑学生不同层次的需求。不同层次既是指不同学生有不同的知识与技能基础,也是指学生通过学习能在认知、情感等不同层次均有发展。四是作业布置的评价方式不恰当。应该说,上述作业已经隐含了评价标准,即学生抄写了,会背诵、默写了就是完成了作业。针对学生知识识记的评价,显然不能评价学生运用知识的能力以及情感的状态。

作业布置问题背后的深层原因是教师对作业的本质以及知识的教育价值认识不足。课后作业是课堂的延伸,是学生在教师的指导下的课外学习。通过作业,学生不仅要巩固和积累知识的内容,还要获得掌握知识的工具和方法,如观察、解释、分析、概括;养成接受知识和创新知识的个性特点与倾向；理解、选择、追求人生意义、生活价值，否则就会"窄化知识的教育价值"（王道俊，2011）。

我们可以借助课程的三维目标框架来明晰课后作业的功能。第一，作业应既能帮助学生巩固课堂所学知识，又能提升技能。第二，作业应渗透学习策略，能培养学生的学习能力。第三，作业应能激励学生带着积极的情感参与，并能发展学生的情感。教师需要思考作业的功能，优化作业的设计，使课后和课堂学习融为一体，促进学生的可持续性发展。

基于以上分析，上述案例作业设计可以做如下优化：

译林版《英语》八下 Unit 6 第一课时的课后作业（第1、2项为必做题，第3项为选做题）

1. 默写本课生词，根据句意选择合适的单词完成句子。

1) Let's help that _____ man cross the street. He can't see the traffic lights.

2) Many people in Sichuan got _____ after the earthquake because their houses fell down.

3) That girl lost her left leg in an accident and became _____.

4) The old woman is _____, so it's useless to speak to her.

5) Mandeep is from a _____ family in India. She can't afford to go to school.

6) We often go to the home for the _____ and help do some cleaning there.

2. 通过网络了解本地或其他城市老弱病残人群的类别和数量，用英文写出统计结果，做好交流准备。

3. 写一篇短文：A. 介绍本地需要帮助的人群并思考如何帮助，呼吁人们帮助他们。B. 根据本地实际，与同学合作建立助人小组，写一份活动计划。（选择一个任务即可，评选最佳作品。）

优化后的作业有几个特点：一是体现了知识的识记与基本运用的结合。第1项作业要求学生先默写生词，然后完成小练习，让学生在语境协商中选择合适的单词，这就加深了知识的内化。二是体现了知识学习与社会实践的结合。识记单词、选词填空类型的作业仍然停留于课本和应试,学生运用知识的技能局限于解题技能。第 2 项作业要求学生了解本地需要帮助人群的现状并用英文写出统计结果,使得知识与生活建立了联系。一方面,知识得以进一步内化而成为活的知识。另一方面,统计并写出结果是知识在生活中的真正运用。真实运用知识的作业必然能激起学生完成作业的积极性。同时,统计的过程是学生对社会进行关注的过程,可以激起他们对弱势人群的同情心。三是体现了作业的层次性和评价的多样性。从知识与能力层次的角度来看,优化后的作业面向了不同基础的学生。第 1、2 项作业为必做题,学生还可根据自己的实际选做第 3 项,并进一步选择一个写作任务。从知识的教育价值角度来看,三项作业既体现了认知方法,又与人文精神紧密联系,教、学、做合一。

## 二、丰富英语课外活动

《课标》指出,英语课外活动是学生英语学习的重要组成部分,能为学生的语言实践和自主学习提供更大的平台。课外活动的开展要有计划、有组织、有创造性,形式要多样,能激发学生参与的积极性,帮助学生增长知识,发展智力,塑造性格。

### ➤·典型案例·◄

以下是某校英语课外(社团)活动计划:
**一、活动时间**
确定 12 月份为学校英语月,12 月下旬圣诞节集中展示活动成果。
**二、活动方式**
1. 各班教唱两首英文歌曲,参加学校英文歌曲比赛。
2. 每班确定一个节目,参加学校英语节才艺比赛。
3. 举行英语"购物街"活动。

### ◆ 案例反思 ◆

当前,不少学校举办"英语节"或"英语月"、"英语周",一定程度上丰富了学生学习英语的形式,提升了学生学习英语的兴趣,但也存在一些问题。首先,从上述课外活动计划可以看出,英语课外活动的时间主要集中在一个月,甚至一周。显然,活动的组织者希望速战速决,把课外活动的开展形式化、任务化、短期化。难以想象短期行为能对学生的英文学习产生长远的影响。其次,活动的组织形式没有能调动所有学生尤其是学困生的兴趣。上述活动计划中只有教唱英文歌曲是班级行为,参加英语才艺展示或者"购物街"的学生数有限,课外活动难以面向全体。第三,课外活动过于重视英语学科的工具性,忽视趣味性和教育性。上述计划的"购物街"活动中学生必须运用英语购物,但由于缺乏购物的目的、情境,活动就失去了活力和意义。

上述课外活动计划可进行如下优化和完善:

第一,把英语课外活动时间调整为常态化。课外活动与课堂学习应该形成互补,只有常态化的拓展活动才能提供给学生足够的实践机会,显现学习效果。第二,优化班级才艺节目的选拔。可以把每班确定一个节目改为班级内举行选拔赛,每个小组出一个节目,做到人人参与。英语才艺表演是学生喜欢的活动,如果直接确定一个节目参加校演,会使得排练节目成为几个优秀学生的"美差",这将严重打击大多数学生的积极性,与举行活动的初衷相违。课外活动应重在过程参与,关注学生在活动中的表现。当每个人都能参与、体验在课外用英语排练节目的快乐时,课外活动的基本目的就达到了。第三,增加英语活动的情境。上述计划中的"购物街"活动可以"改版"为为西部贫困地区的儿童募捐的英语义卖活动。课堂上学生很少有真实的运用英语的机会,举行义卖活动为学生提供了使用英语的真实情境。活动由原先的纯粹操练购物用语的活动"升级"为助人的社会实践活动,学生使用英语的积极性大大提高。

开展英语课外活动应注意以下几个原则,以改善活动效果。

1. 明确目标,面向全体

与课堂教学相同,课外活动的开展也应有明确目标。这里介绍一所学校制定的英语第二课堂目标:"在深化推进素质教育的背景下,以新颁布的英语课程标准为指南,积极主动实施课改,积极开展英语第二课堂活动。以'学科育人'、'活动教学'为重要理念,组织社团建设和英

语环境建设,给学生提供学习英语的资源、运用英语的机会。"(摘自《如皋市外国语学校英语特色活动方案》)

英语课外活动应该本着面向全体、注重过程的理念组织、开展,让所有的学生参与、享受英语课外活动。各项活动应以班级为单位,以小组活动为组织形式开展。在各小组自选节目排练的基础上,分别举行班级、年级才艺秀比赛,确保人人都有机会参与、体验、展示。

### 2. 分门别类,有序开展

英语课外活动要做到内容丰富,形式多样。根据活动目的和形式,课外活动可以分为四类:教材延伸类、节日文化类、英语才艺类、环境建设类(见下表)。活动分类应有利于合理安排活动时间,确保有序开展。

| 活动类型 | 活动形式 | 活动目的 | 开发、参与主体 |
| --- | --- | --- | --- |
| 教材延伸类 | 课本剧、朗读比赛、写作和演讲比赛、英文书法、百词竞赛、海报设计、听力口语网络比赛 | 通过各种活动培养良好学科素养 | 师生 |
| 节日文化类 | Halloween party,玩 trick or treat 游戏,南瓜灯制作比赛;Christmas party;Thanksgiving Day 期间举行"The person I admire"演讲比赛 | 结合西方节日举办文化体验活动,培养跨文化意识 | 师生 |
| 英语才艺类 | 英文歌曲比赛,才艺秀(影视配音、戏剧、小品、歌舞等),定期举办英语节 | 培养学科素养,发展人文素养 | 学生 |
| 环境布置类 | "外国语之声"广播站播放英文歌曲,播报国内外、学校时事新闻,制作英文桌贴、黑板报、学生个人小语、英文指示牌 | 创设英语学习氛围,提供语言实践机会 | 学生 |

### 3. 以生为本,常态开展

开展课外活动要改变教师包揽、短期集中的现象,实现自主管理、常态实施。活动应以生为本,让学生成为活动的主体,积极参与到活动的策划、实施和评价中来。例如,班级可以建立"英语活动先锋队",负责本班活动的管理、资料的收集、班级各项活动的评比等。英语节目的排练可以选定一位负责人,节目素材的挑选、排练的时间地点等均由学生自主安排。

活动应有计划、有组织地常态化开展,使课外活动与课堂教学形成一个有机的整体。学校教科室(教研组)应提前计划、安排好活动项目,把学期中每周或每月的活动计划预发给教师,及时组织对各项活动的评比和记载,保证活动的常态开展。

英语课外活动是课堂教学的自然延伸,能激发学生的学习兴趣,为学生提供更多语言实践的机会,更能促进学生的全面发展。活动的开展应向课程化努力,力求形成比较完善的校本化英语活动课程。开发的活动项目应与教材和生活密切联系,满足学生的学习需求。课外活动应成为英语课程有益的补充形式,做到既培养学生的学科素养,又实现学科育人目标,促进学生的全面发展。

## 三、设计预习作业,引导前置学习

有无预习、预习好坏直接影响到整堂课的教学效果,影响教师的心境和学生持续学习的兴趣。科学的预习既是有效课堂的保证,也是培养学生自主学习能力的重要途径。

### ➤ 典型案例 ◄

以下是几位教师布置的预习作业。

**例一:译林版《英语》七下 Unit 4 的 Welcome to the unit**

1. 拼读 P43 表示方向的生词,并背诵默写。
2. 熟读 B 部分对话,翻译成中文。

**例二:译林版《英语》八下 Unit 1 的 Integrated skills**

1. 熟读生词,划出新的短语,翻译并默写。
2. ……

**例三:译林版《英语》八下 Unit 1 的 Task**

1. 拼读单词,熟读课文。
2. 找出范文中的短语,写出中文,默写一遍。

♦ **案例反思** ♦

上述教师在课前都布置了预习作业,但都存在一些共性问题。问题一,目标不明,要求过高。预习形式都是读生词,找出短语,甚至要求学生在课前就能默写。学生对语言知识还没感悟、理解就要求默写,显然人为拔高了学习要求。这样的预习不符合语言学习的规律,也使得学习变得枯燥。问题二,形式单一,不利于探究。预习的形式以识记为主,不利于培养学生探究性学习的意识和能力。问题三,内容单调,脱离课型。预习的内容大都围绕词汇的音、形、义,忽略了不同课型学习的要求。

预习同样需要制定目标,通常也包含语言知识和交际能力两部分,但它无论是难度还是层次都应低于课堂教学目标。预习目标必须符合班情和学情,即设计学生个体能独自完成或通过小组互助能完成的目标。如果将课堂教学目标设定为预习目标,则人为拔高了学习的要求,增加了学生的学习负担。

上述例一可优化为:

1. 自读 PP42—43 内容,找出生词,标注音标,理解其意;
2. 尝试边说边演示八个表示方位的名词;

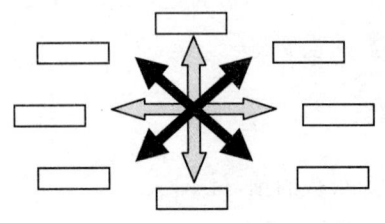

3. 试读 B 部分对话,揣摩对话的语境,为课堂表演做准备。

从优化的预习单可以看出,第 1、2 点为语言目标,第 3 点为交际目标,无论是语言目标还是交际目标,其定位适中且有梯度,完全符合学生的学情及认知水平。学生课前完成预习时间一般不超过 10 分钟,不会增加学生学业负担。完成预习后,学生学习目的性更加明确,表现欲被激发,课堂参与小组活动的积极性随之提高。

在完成预习作业的过程中发现问题是自学的正常现象。预习作业要留有学生质疑处,因为这些质疑多数会成为教师课堂教学的重难点。教师要设计能够让学生产生认知需要的预习作业,从而激发学生学习动机,引导学生自主探究。

上述例二可优化为:

1. 试一试,预习完 PP15—16 单词后说出下列单词的含义及词性。

   1) feeling _____    2) service _____
   3) environment _____    4) relax _____
   5) fresh _____    6) primary _____
   7) development _____    8) lend _____

2. 找一找,读 PP15—16 内容后找出带有生词的句子,在下面画线,初步理解句意。

3. 猜一猜,仔细辨别 P15 的两幅图,根据图文预测 A1 部分可能会听到的答案。

4. 比一比,读 Part B 对话,对比自己家乡前后的变化,写出其中的三点。

5. 问一问,本课难读的词有 _____,难理解的词有 _____,难理解的句子有 _____。

优化后的预习作业第 1、2 项是为顺利完成课文的听说任务而设计的。第 3 项是听前猜测,是听力策略的提前渗透。第 4 项是通过对比方式引导学生学会观察,从而找出家乡前后几年的变化。第 5 项则是预习中的质疑部分。学生在预习中发现了问题,自然会形成课堂期待,课堂效率会因此提高。"找一找"、"猜一猜"、"想一想"、"比一比"到"问一问"几个活动使得预习作业具备了层次和梯度,能引导学生了解授课材料,发现问题并尝试解决问题。

预习作业的设计还要考虑课型。预习最终是为课堂教学服务的,因此教师应将新授课中需要解决的问题,或者是教学的重难点问题,抑或是新授课的背景知识等恰到好处地、不露痕迹地在预习作业中渗透,为导入课堂、引入话题以及课堂生成做好铺垫。

上述例三可以优化为:

1. 在文中找到以下单词,大声朗读并记住。(详细内容略)

2. 以下词组来自于课本 PP15—16,你能在文中找到吗?做上记号吧!(详细内容略)

3. 你有你家(或其他地方)过去和现在的照片吗?拿出来比较一

下,然后将不同之处记在下面的表格中吧!

|  | In the past | At present |
| --- | --- | --- |
| When |  |  |
| What |  |  |
| How |  |  |
| Like? Why? |  |  |

学生完成第1、2项会比较顺利,而第3项则是为本课的写作教学服务的,给学生留下预设,即将"现在的家"和"过去的家"进行对比,为课堂深层讨论打下伏笔。有了课前的充分准备,课堂上学生就有话可说,写作也就是水到渠成的事了。

"教给学生能借助已有的知识去获取知识,这是最高的教学技巧之所在。"(苏霍姆林斯基,1984)教最终是为了不教,培养学生的自主学习能力是新课程目标之一。科学的预习既是高效课堂的保证,也是培养学生自主学习能力的重要途径。

预习作业让学生借助已有的知识在课前进行"先学",了解下一课或下一阶段的学习内容,发现问题的同时尝试解决问题,明确课堂个人学习的重点和难点。预习作业的设计要遵循目标适宜、内容适当和自主探究的原则。预习作业是否科学、合理直接影响到教学活动能否有效开展,直接决定着课堂教学的成功与否,关系到学生能否养成良好的学习习惯和自主学习能力。预习就是为学生的课堂学习搭建支架,预习作业的设计要考虑学生的"最近发展区",即现有的水平和要达到的水平之间的距离,预习任务要与课堂活动呼应。合理的预习作业如同一把自主学习的钥匙,促进学生学会独立学习、合作学习,学会思考和探究。

### 参考文献

[苏联]苏霍姆林斯基.1984.给教师的建议[M].北京:教育科学出版社.

王道俊.2011.知识的教育价值及其实现方式问题初探——兼谈对杜威教育思想的某些认识[J].课程·教材·教法(1):14—32,43.

## 细节 17

# 关于课堂话语

> **细节阐述**

课堂话语由教师话语和学生话语组成。教师话语是指教师在课堂上组织和实施教学时所使用的语言，包括课堂用语、教学用语、交际用语和反馈用语等。在英语课堂教学中，教师话语既是促进课堂互动、传递教学内容的重要载体，又是课堂教学内容的语言输入，是学生接触所学语言的重要途径，在组织课堂教学和学生的语言习得过程中起着至关重要的作用。教师话语的数量和质量会影响甚至决定整个课堂教学的成败。

学生话语包括学生在课堂上师生对话、生生对话和生本对话中的语言，越来越多的专家学者和一线教师致力于研究学生的课堂话语生成。

## 一、关注师生互动性话语

教师话语在英语课堂中占有很大比例，是联结师生关系、推进教学活动的纽带。英语课堂教学是一个师生互动的交际过程。然而受应试思想的影响，很多教师在英语课堂中仍然过度重视语言结构的知识性传授，课堂话语以教师的讲解为主，加以机械重复的练习。教师的独白话语、设问式话语几乎主导着整个英语课堂。我们在听课中经常听到这样的教师话语：Are you clear？/Yes or no？/Understand？/Right？

这样的虚假交流,不能引发学生的真实互动。研究发现,在中国以教师为中心的英语课堂教学中,教师话语往往占用70％甚至90％的课堂时间,学习者参与课堂活动和发表见解的机会很少,使得教学活动出现"只有输入没有运用"的单向交流形式。以教师为主导的课堂缺乏真正意义上的交际,因而学生所获得的可理解输入较少,不利于语言学习。

### 典型案例

以下教学片段是笔者执教译林版《牛津初中英语》9A Unit 1 的 Grammar 中的课堂实录:

T: Yesterday we talked about our friends and teachers and guessed their star signs. Did you guess right? We will find it out today. But first let's talk about more people.

(选择与南非世界杯足球比赛相关的人物图片让学生谈论,自然呈现生词:用赛前运动员图片呈现 energetic, active, confident,用裁判处罚球员的图片呈现 fair,用戴各种帽子的球迷的图片呈现 creative, imaginative。在此基础上运用句式"It's ＋ *adj.* ＋ of sb. to do sth."描述图片中人物。)

T: What do you think of the judge or the players? And what about the fans? Why?

S1: The players are energetic and active. They can play football for a long time.

T: Energetic and active.

S2: The players are confident. They believe they will win.

T: Are you confident?

S2: Yes.

S3: The fans are creative. They wear caps in different shapes.

S4: The judge is fair. He shows the red card in time.

T: Yes. It's fair of the judge to show the red card in time. It's creative of the fans to wear caps in different shapes. Can you make sentences just like these two?

S5: It's confident of the players to believe they will win.

S6: It's energetic and active of the players to play football for a long time without getting angry.

（呈现学生熟悉的《西游记》人物图片，让学生说出自己喜欢或不喜欢的人物以及理由，自然运用描写人物性格的形容词 brave, wise, selfish, stubborn，并尝试用"It's ＋ *adj.* ＋ of sb. to do sth."说明理由。）

T: Do you like these people? Why or why not?

S1: I like Sun Wukong because he is brave. He is not afraid of the evil spirits.

T: Good. It's brave of Wukong not to be afraid of evil spirits.

S2: It's wise of him to draw a circle around Tang Seng.

S3: I dislike Zhu Bajie because he is selfish. He eats the watermelon alone.

T: Mm, we shouldn't be selfish. We should also think of others.

S4: I don't like Tang Seng. He is stubborn. He never takes Wukong's advice.

T: Yes. It's stubborn of Tang Seng never to listen to Wukong's advice.

S6: It's silly of Tang Seng to believe in the evil spirits.

♦ 案例反思 ♦

语言学习离不开互动与交流。英语课堂中的真实互动与交流可以为学生提供运用英语的机会。上述案例中，笔者选取学生熟悉的世界杯比赛和《西游记》人物，以问题"What do you think of them?"，"Do you like these people?"，"Why or why not?"引导学生运用所学词汇和句型发表自己的观点和想法，激发学生用英语表达的积极性和成功感。教师以第一个问题"What do you think of the judge or the players? And what about the fans?"启发学生复现、内化运用本单元所学的形容词来描述裁判、球员和粉丝，然后教师呈现新的语法项目：

"It's +adj. of sb. to do sth."。在此基础上,教师再以第二个问题:"Do you like these people? Why or why not?"引导学生运用所学语言参与真实的信息交流,学生用所学语法项目描述自己对唐僧、猪八戒和孙悟空的看法和观点,学生的积极性被充分调动起来,课堂话语丰富多彩,生成了很多精彩的语言表达。

有效的课堂交流往往是在一定的教学情境中进行的。交流实现于教学活动过程之中,具体地表现为交流主体通过一系列有序的行为和互动进行的以形成和发展认知、构筑人与人之间关系以及体验主体内心发展为交流任务的教学活动。教师要精心预设课堂教师话语和活动任务,努力创设真实情境,激发学生的发散性思维和想象力,鼓励和引导学生尽可能运用新知识表达观点和看法,实现"用英语进行交际"的目的,真正构建"以学生为主体"的课堂。

要实现英语课堂师生、生生之间的真实互动,教师话语应注意遵循以下原则。

### 1. 以生为本

教师应基于学生的现有知识水平,遵循学生的认知规律和特点,关注学生的真实生活经历,创设真实的情境,激发学生参与课堂的兴趣,设计学生感兴趣的问题与活动,给学生自主思维、发挥想象的空间,让学生在互动中产生精彩的语言生成,不断提高运用英语的能力。只有教师的课堂话语与学生的生活经历、兴趣爱好相关,才能激活学生的情感体验,调动学生的多种感官参与,使学生在真实交际中运用语言,促进学生思维、能力和语言的共同发展。

教师要努力营造平等、开放、民主、和谐的课堂氛围,允许学生在课堂中发表不同的观点和见解,鼓励学生独立思维、创新性、发散性、批判性思维,激发和保持学生用英语进行交流互动的积极性。教师应给予不同英语水平层次的学生较为公平的参与机会,自始至终关注每一位学生。教师话语要体现层次性和区分度,根据问题的难易程度提问不同层次的学生,让不同的学生都能参与到课堂的互动交流中,让不同层次的学生都能在课堂中有所得。

## 2. 有效提问

"教师提问的目的、问题类别、问题的准备、问答过程的控制、问题的反馈等对提问的有效性都有着制约和影响。"(王笃勤,2002)有效的课堂提问能够充分调动学生参与语言活动的积极性,能够加大学生的语言输出量,同时,给学生提供更多思考和交流的机会。有效的课堂提问能够使课堂更具有交互性。

(1) 多使用参考性问题。教师在课堂上的问题通常被分为两类:一是展示性问题,另一是参考性问题。展示性问题是提问者已经知道答案的问题,提出这类问题的目的是考查学习者是否知道这类知识,学生通常只需要表层理解便可回答这类问题;而参考性问题的提问者并不知道答案,其目的是力求扩展信息,要求被问者积极地开展创造性思维。教学过程中,教师应积极设计参考性的问题,使学生为了参与语言活动,需要提供更长更复杂的语言输出,从而促进语言习得,提高语言教学的效率。

(2) 关注提问策略。提问中最常见的策略有解释(Self-explaining)、促发(Prompting)、探询(Probing)和重复(Repeating)。解释是指教师在让学生回答以前对所提问题进行一番解释说明,以扫清学生的理解障碍。促发指的是教师给学生提供恰当的提示来引导学生把握问题、找对思路、得出问题答案。探询是指教师在学生对前一问题作出回答的基础上提出更深一层的问题来促使学生作更深刻、更全面的思考。重复指教师重复所提问题以唤起学生注意,使学生明白所提问题。

## 3. 融合纵向结构和横向结构

纵向结构是指教师通过层层设问、逐步递进、环环相扣、多角度阐释来呈现、传授新知识,突破教学重点和难点,进而形成递进式结构,以达到让学生掌握所学内容的目的。常用于澄清概念、引出新话题导入新话轮、变换句子结构、解释关键词、举例说明,以帮助学生理解,推进课堂深度,推动教学进程等。横向结构是指教师在教学新知识之后,为了让学生扎实掌握所学的新知识,暂时不把教学内容向纵深推进,而在同一语言平台上对所学内容进行操练和巩固。一般是针对同一教学内容进行反复操练和多角度操练,以达到让学生牢固掌握新知识的目的。交互使用纵向结构和横向结构,教师可以根据学生的实际情况安排教学进程,调整教学进度,促进学生在互动和交流中掌握知识,提高能力和素养。

## 二、关注课堂教学过渡语

英语课堂教学过渡语,也称为课堂教学各环节之间的衔接语言。课堂教学中的过渡语是课堂话语的重要组成部分。好的课堂过渡语能使教学环节顺利过渡,实现教学各环节之间的自然衔接,给人一气呵成、行云流水的感觉;艺术的课堂过渡语能激发学生兴趣,启迪学生思维,改善课堂教学效果。

### ➤ 典型案例 ◄

译林版《英语》八上 Unit 7 的 Reading 教学是关于四季的诗歌欣赏,某市曾以本课作为优秀课赛课材料。后来一位授课教师运用优秀课课件上移植课。授课时,该老师总是机械点击复制的课件,幻灯片之间的过渡则采用一些程式化话语:

T: ... First, let's read about winter.

Winter days are full of snow,

When trees and flowers forget to grow,

And the birds fly far away

To find a warm and sunny day.

T: OK, next, let's come to spring.

The days of spring are windy and bright.

What a perfect time to fly a kite!

Bees and butterflies play among flowers,

Then hide from the April showers.

T: Next, let's learn about autumn.

...

由于缺少适当的过渡语,课堂上学生只是跟着老师的指令毫无表情地读着诗歌,整节课缺乏整体感、条理性和连贯性,给人凌乱、拼凑的感觉,课堂效果可想而知。

♦ **案例反思** ♦

近年来,各学校大都采用集体备课的模式,统一教案和课件。一些教师习惯于使用现成的教案课件,忽略了集体备课后的"二次备课",课堂变成了点击鼠标推进教学进程的模式化行为,甚至有教师将所有活动指令打在幻灯片上,课上"照本宣科",无法吸引学生的兴趣、激发学生的积极性;也有一些英语口语好的教师,过渡语运用随意,忽略学生的英语水平和认知特点,使用过于繁杂、冗长或者表达模糊、意图不明确的过渡语言,学生无法领悟其意,教学效果大打折扣。

在上述案例中,这首关于四季的诗歌其教学重点应该是"品读诗歌,感受四季不同的美,欣赏诗歌的语言美和韵律美"。案例中的授课教师使用点击幻灯片和机械的过渡语无法将学生带进诗歌的欣赏之中,不能激发学生学习诗歌的兴趣和激情,更不要说创作诗歌了。另一位授课教师在教授本课时进行了"二次备课",尤其注意根据本班学生实际优化了教学过渡语。学生欣赏四季诗歌后,教师先与学生谈论最喜欢的季节,然后教师描述自己最喜欢的季节——冬天,以此过渡到 Reading 的教学。

T: Just now we enjoyed a song. What's it about?

Ss: Seasons.

T: Which season do you like best? Why?

Ss: ...

T: I like winter best because everything is covered with snow. I can play snowball games with my friends and make snowmen. It's really fun.

接着,授课教师以雪莱诗歌中的句子自然过渡到 spring 的教学:

T: "If winter comes, will spring be far behind?" Do you like spring? What can you do in spring?

在欣赏诗歌片段"Those sweet memories of summer days/Are

about quiet streams and trees and shade/And lazy afternoons by a pool/Eating ice cream to feel cool."之后，授课教师结合自己的生活经历，介绍自己最美好的记忆是"女儿坐在膝盖上读书，教她在床上跳舞"，慈父的形象很能感染学生。

T: In our life, we have many beautiful things. I have my sweet memories.

*Those sweet memories of old days*
*Are about her reading books on my leg*
*And teaching her to dance on the bed.*

T: Do you have sweet memories? Now would you talk about your sweet memories?

学生在教师话语的启发和示范下，跃跃欲试，也用英语描述自己的难忘的记忆。教师的过渡语不仅承上启下，过渡自然，而且也起到"语言输入和目的语示范的作用"（程晓堂，2010）。

英语课堂过渡语是引导学生从一个环节走向另一个环节的衔接过渡语言。过渡语的设计反映了教师的基本英语素养、教育教学理念以及专业发展过程（程晓堂，2010）。教师要摒弃只有公开课、评优课才需要备过渡语的错误想法，去除英语课堂过渡语的随意性和盲目性，整体设计连贯的课堂过渡语言，凸显英语课堂过渡语的艺术性，展现教师对英语教学设计的完美追求。设计课堂过渡语言要注意以下几个原则：

1. 整体性原则

英语课堂是由多个环节、内容和板块组成的整体，教师设计过渡语要基于整节课考虑，将不同的部分有机衔接成一个整体，实现教学各环节之间的巧妙、自然的过渡和衔接，对教学内容进行有效的整合和拓展延伸，实现知识—技能—能力的整合。

2. 连贯性原则

过渡语是课堂教学各环节的纽带和黏合剂，也是课堂教学的有机组成部分。教师设计课堂过渡语要符合学生的已有知识水平和认知规律，承上启下，具有一定的条理性和连贯性，由浅入深，由易到难，为学生学习引路搭桥，使学生学得明白，学得轻松，学有收获，激发学生的情感体验,促进学生语言和思维的发展。

3. **启发性原则**

教师的过渡语言设计要具有一定的示范性和启发性,能为学生的语言输出和生成提供范例和启发。教师可以在过渡语中增设一些悬念,以激发学生参与课堂活动的积极性,激活学生的思维活动,促使学生主动参与课堂,促进学生分析能力和创新性思维的发展。

4. **生成性原则**

马卡连柯说过,"教育技巧的必要特征之一,就是要有随机应变的能力"。由于课堂的主体——学生的创造性和生成性,英语课堂是变化不定的,所以教师不能拘泥于预设的课堂设计和过渡语,要以学生为中心,根据学生学习情况和语言生成及时变换过渡语,以艺术性、生成性的过渡语言,增加英语课堂的魅力,增强学生学习英语的兴趣和成功感。

5. **反思性原则**

教师要经常观察、反思自己和他人课堂过渡语的亮点和不足,结合英语学科特点不断探索过渡语的有效设计,实现过渡语的形式和意义的结合,科学性和艺术性的结合,指令性和示范性的结合,教师语气、语调和语言的结合,让课堂过渡语发挥更大的效果,使英语课堂更具活力和创造力。

## 三、关注学生的情感体验

在第二语言教学中,学习者的情感状态直接影响到他们的学习行为和学习结果。我国传统的中学英语教学中,普遍存在着重知识、既定规范的灌输,而忽视学生情感的现象,"以至于出现了'情感空白'(emotional illiteracy)"。(程晓堂,2009)学生缺乏动机、缺乏合作精神、焦虑不安、紧张、自卑、厌学等情感问题比较严重,影响学生的语言学习和全面发展。

➤•典型案例 1•◄

译林版《牛津初中英语》8A Unit 4 Wild animals 的 Speak up 部

分,为了教学特殊句式"I don't think that you're right.",授课教师精心设计了导入环节。

T:Do you want to know what kind of animal I like best? Now let's have a guessing game. Please guess my favourite animal.

S1:(一个学生举手发言)I guess you like monkeys best.

T:(学生依然站着,教师未让她坐下)I don't think you're right. I like giraffes best. My favorite animal is giraffe. Do you think she is right?

Ss:(女生仍然站在座位上,教师指着该学生,引导其他学生一齐说)We don't think you're right.

T:I don't like monkeys best. My favourite animal is giraffe. I don't think she is right.

◆ 案例反思 ◆

上述案例是一节观摩课,教室后面有很多听课教师。授课教师仅仅为了按照课前预设的教学进程导入一个语言知识的教学,全然忽略学生的心理感受,使得积极举手回答问题的那位女生站了好几分钟,并且反复强调"我/我们认为你是不正确的"。可以想象站着的这几分钟对她来说该有多难熬!

笔者认为授课教师可以在谈论天气等话题时轻松引出"I don't think..."。如:

T:Do you think it is going to rain tomorrow?

S1:No.

T:I quite agree with you. I don't think it's going to rain.

▶·典型案例2·◀

在一节译林版《牛津初中英语》8A Unit 4 的 Grammar(if 从句用法)公开课上,授课教师轻声演唱英文歌曲 *You and me* 导入新课。

T:This is my favorite song. Do you know who sings this song?

Ss:Liu Huan.

T:Yes, Liu Huan is my favourite singer. I often listen to him sing.

I hear he is coming to Jiangsu. What will you do if he comes to Nantong?

S1：I will give him some flowers if he comes.

T：If he comes to Nantong, I will go to watch his show. I will hug him if I see him. What about you?

S2：I will go to the show if my parents agree.

S3：I will go to watch the show if I have enough money.

T：You can ask your parents for the money.

◆ 案例反思 ◆

"追星"一直是青少年教育中一个备受关注的问题,然而授课教师却以话语暗示学生,如果刘欢来南通,老师将会去看他的演唱会,如果老师见到刘欢,会热烈地拥抱他。言外之意,老师也是一个"追星族"。当学生回答"我如果有足够的钱就去看演出"时,教师又给出了错误的引导,建议学生向父母要钱去看演出。众所周知,演唱会的门票都是很贵的,如果学生真的因为教师的暗示,为了去看演出向家长要钱,而家长又无法承受,教师无心的课堂话语便会成为家长和学生矛盾的导火索。所以,教师要特别关注教师课堂话语对于学生情感价值观的正确导向。

情感教育是教育过程的重要组成部分,学生要成功学习英语,情感教育是前提。情感教育关注教育过程中学生的态度、情绪、情感以及信念,恰当的情感教育可以促进学生的个体发展和整个社会的健康发展。英语课程的学习,既是学生通过英语学习和实践活动,逐步掌握英语知识和技能、提高语言实际运用能力的过程;又是他们磨砺意志、陶冶情操、拓展视野、丰富生活经历、开发思维能力、发展个性和提高人文素养的过程(教育部,2001)。我们要"面向全体学生,注重素质教育。关注每个学生的情感,激发他们学习英语的兴趣,帮助他们建立学习的成就感和自信心"(教育部,2001)。

英语教学是师生合作交流、共同参与的教与学的过程,不只是知识的传递和交流,也是师生情感信息的传递和交流。作为非智力因素,情感态度对于学生的学习和发展起着重要的作用。积极肯定的教师话语起着激励、激趣、导向的作用,不仅有利于师生的知识、思想和情感的交流,而且有利于提高学生自主学习的积极性。教师要注重言传身教,要注意使用积极的语言,引导并培养学生积极的情感态度,养成和谐和积极向上的品格,促进学生健康人格的形成(教育部,2001)。初中英语教材中包含很多情感教育的资源和素材。教师要充分利用教材、挖掘教材,努力借助课堂话语对学生进行隐性的情感交流,渗透情感教育和人文教育。

教师要关注学生的情感体验。初中生处在身心发展但尚未成熟的特殊时期,情感易于变化和波动。教师要控制好自己的情绪,注意自己的课堂话语,不用迁怒、急躁、训斥的语言;要以具有感染力的教学语言,快乐积极、饱满振奋的情绪状态来影响学生,耐心引导学生,帮助学生建立良好的自信心,积极思考、主动学习。有时学生会对教师话语提出异议,甚至争论,教师要善于引导,变消极情感为积极情感。当学生无法回答问题,或者对英语产生畏难情绪时,教师要注意耐心等待并引导,及时鼓励,以积极的情绪感染学生,以良好的心态熏陶学生,言传、身教相结合,促进学生形成良好的情感体验,不断激发、强化学生学习英语的兴趣,促使学生由"要我学"向"我要学"的转变。

### 参考文献

程晓堂.2010.论英语教师课堂话语的真实性[J].课程·教材·教法(5):54—59.

程晓堂.2009.英语课堂教师话语分析研究[M].上海:上海外语教育出版社.

中华人民共和国教育部.2001.普通高级中学英语课程标准(实验稿)[M].北京:北京师范大学出版社.

王笃勤.2002.英语教学策略论[M].北京:外语教学与研究出版社.

## 细节 18

# 关于教材使用

> **细节阐述**

教材是实现英语课程目标的重要材料和手段,是学生系统学习语言基础知识和发展语言基本技能的材料依据。使用教材的过程包含系统性的语言知识学习和语言技能训练。教材为教师组织实施教学和学生学习语言提供了便捷的途径。

在使用教材的过程中,教师应该根据教学的进度安排和学生学习的实际需要,及时对教材的内容、结构、顺序、教学活动及教学方法进行宏观层次或微观层次的调整和取舍,即根据教学需要对教材的整体或部分进行适当的增删、替换、重组等。教师要正确认识教材的作用,正确认识教材与课程标准之间的关系,正确认识教材与考试的关系,合理使用教材(程晓堂、孙晓慧,2011)。

## 一、删减教材内容

删减教材内容不是为了减少教学内容、减轻教学任务。删减的内容通常是与教学安排或学生水平不相符合的内容,包括单元中的某个板块,或板块中的某些教学内容,如部分教材内容太难或太易、过多的同类型的练习或活动设计、简单机械的操练方法、脱离实际生活的语言素材等。在删减不适宜的教材内容后,节约出来的教学时间和空间可以用于安排适切学生能力水平、教学任务和教学目标的教学内容。以译林版《英语》七上 Unit 1 的 Welcome to the unit 板块为例,教材内容节选如下：

**教材节选1：Leading in**

Eddie：(*Oh，I love e-dogs.*) I'm Eddie. What's your name?

Hobo：My name is Hobo. Are you my master?

Eddie：Yes，I am.

Hobo：Good. Now read this book.

Eddie：*How to look after your e-dog.*

**教材节选2：Meeting new friends**

S1：Good morning. I'm Amy.

S2：Hi，I'm Simon.

S3：Hello，I'm Millie.

S4：I'm Kitty.

S5：Hi，I'm Sandy. What's your name?

S6：My name's Daniel.

**教材节选3：Greetings(What does Millie say to Kitty？)**

Picture 1：Good afternoon. （at 14:45）

Picture 2：Good morning. （at 07:15）

Picture 3：Good night. （at 22:30）

Picture 4：Good evening. （at 18:00）

以上教材内容整体难度偏低,学生在此前已经学习了有关内容,因此在教学中可以删减这部分内容,或简要地快速浏览一遍。特别是一些英语教学特色学校或地区,之前已经有计划地使用了过渡性教材,或参考使用了不同版本的相同学段的教材,就更没有必要在以上环节上耗费时间了。

删减教材内容,不是为了减少教学内容和教学任务。因此,对教材内容的删减应该注意以下方面：不能根据主观臆断或个人偏爱对教材内容进行删减；对教材内容的删减不应该影响教材整体结构的完整性和系统性;删减内容的比例不宜太大,否则应该考虑重新选择教材;不能一味为了考试的需要对教材内容进行删减;如有可能,尽量与学生一起协商删减哪些内容;对教材内容进行删减的同时,要考虑如何进行补充(程晓堂、孙晓慧,2011)。

## 二、补充教材内容

围绕教学目标和任务补充教材内容,可以使教学内容更加丰富、教学活动更加有效、教学环节更加合理,使实际课堂教学内容更满足学生的学习需要、贴近学生的生活实际、增加教学过程的趣味性。以阅读技能为例,《课标》对七年级要求课外阅读量应累计达到4万词以上;八年级课外阅读量应累计达到10万词以上;九年级课外阅读量应累计达到15万词以上。这就要求教师课内引导、课外指导学生增加阅读量。教师可以根据教材的单元话题、背景知识、人物、事件等确定课外阅读内容和范围。

例如,译林版《英语》九上 Unit 3 Teenage problems 、Unit 4 Growing up,内容涉及青少年成长中面临的困惑和烦恼、探究外部世界的渴望。针对这些话题,教师可以拓展课程资源,确定课外阅读内容的方向,介绍相关书籍或相关网址,如:http://www.ehow.com/how 3650 read-play.html,选择和修改相关话题文章提供给学生阅读。

在教学活动中,如果教师认为教材内容和活动任务的难度超出了学生的能力水平,或者达不到学生学习的需求,可以拓展教学内容、增加教学环节,这样,可以化解教学难度,保持学生的学习兴趣;也可以补充、延伸教学内容,设置较高的学习任务要求,满足学生的学习需要。教师补充教材内容时,还可以联系与教材内容相关的国内外的新闻事件;教材介绍不充分的一些知识、技能,如生活中的使用说明、标识、通知等实用短文;学生不熟悉的各国风土人情、文化历史的简介等。补充教材内容应该注意以下几点:

(1) 补充的内容不宜太多,否则可能造成喧宾夺主的结果。

(2) 补充的内容不能过多地增加学生的学习负担。

(3) 不能单纯为了考试的目的而补充内容。尤其是不能补充大量的复习题和模拟考试题。

(4) 补充的内容最好与学生的现实生活有关。

(5) 一般情况下,补充的内容不宜作为阶段性或期末考试的考查内容(程晓堂、孙晓慧,2011)。

## 三、调整教材教学顺序

教材内容体现一定的梯度性和发展性,语言学习的长期过程反映出从简单到复杂的明显特征,但是,就某个学习阶段、某个知识体系等方面而言,难和易没有绝对的标准。另外,对于从未接触或使用过某个语言知识的二语学习者而言,任何一个所谓简单的语言知识或语言现象都可能是不可理解的。从这些角度看,从教学实际需要、教学效果和学生水平出发,教师需要适度调整教材内容、教学方法或活动设置。

根据教学需要适时地调整单元内部的教学顺序、单元之间的教学顺序、教材内外的内容安排,可以在立足教材的基础上满足教学实际的需要,激发学生的学习兴趣。首先,教材内容一般是按照由难到易、由简单到复杂的顺序编排的,但是,中学生的思维趋于成熟,表现出多元的学习需求,具有较强的判断力、理解力、观察力、想象力和联想力。因此,对于学生个体而言,难和易的标准并不统一。同时,学生已有的语言水平和认知能力客观上存在差异。适当调整教材内容的顺序,可以迎合学生的语言水平、个体认知能力和认知特点。另外,教学与生活实际应该紧密联系。与学生生活相关的某些重要、热点事件会吸引学生的注意力和学习的兴趣,如果这些事件与教材在话题背景或内容上存在一定的相关性,并且调整教材顺序不会在难度上给学生造成学习困难,教师就可以将教学与生活实际结合起来,提前教授这些单元的教材内容。这样,有助于激发学生的学习动机,促进真实的语言输入和输出。

例如，教师可以在开学伊始教授 Friends，School life；在植树节前教授 A green world；在文明礼貌月、助人为乐专题教育活动期间教授 Good manners，Sunshine for all，International charities；在学校读书节期间教授 A good read，在学校、国家的科技节期间教授 Past and present，Online tours；在节假日来临之前可以教授 A day out，Travelling 等。

## 四、整合教材内容

在编制教材过程中，编者考虑到地域发展特点、学生水平差异等因素，常将某个知识体系或技能目标分解在不同的单元，或分解在单元内部的不同板块，以降低教与学的难度，与此匹配的教学方法也不尽相同。但是，同一个知识体系或技能目标的教学时间拉得太长，有可能影响学生记忆和整体理解，为了及时解决学习中的重难点，如某个语法知识体系，也有必要将隶属于同一范畴的分散的教学内容进行整合；为了突破某个教学活动任务，教师有必要整合单元内或单元之间与内容相匹配的固定教学方法，通过听、说、读、写、译等活动深化教学活动成果。

例如，译林版《英语》九上第四单元、第五单元、第六单元、第七单元的语法知识都是关于相关连词引导状语从句的内容，这一语法知识的教学时间跨度较大，有必要通过某个教学活动任务对学习过的内容进行回顾并检测学生对相关知识的掌握程度。因此，教师可以利用第七单元（状语从句教学内容的最后一个单元）设置的写作活动任务，运用适切的教学方法，要求学生在写作活动中适当使用第四、五、六、七单元中涉及的状语从句知识，丰富写作内容。

➤·典型案例·◀

译林版《英语》九上 Unit 7 的写作任务为："You also want to write an article about your favorite film star. Use Daniel's fact sheet and his article as a model."某教师在教材任务基础上，在写作的准备阶段

增加了复习和使用状语从句知识的写作要求:"… using as many adverbial clauses as possible in your article",通过听、说、读、写、译等活动整合单元内、单元之间的一个或多个知识体系。具体教学步骤如下:

**Step 1:Listening**

选择性播放译林版《英语》九上第四、五、六、七单元中的听力活动材料,要求学生在听的过程中写下所听到的含状语从句引导词的完整句子。以第四单元的部分内容为例,列举相关句子如下:

It was first published in 1947 and has been translated into 67 languages since then.

Because the German Nazis hated the Jews and wanted to kill them, her family were forced to move to another country.

She and her elder sister died of illness in 1945, before the war ended.

After the war ended, her father collected her diary and had it published in 1947.

**Step 2:Speaking**

围绕译林版《英语》九上第四、五、六、七单元中学生对话、描述的内容,要求学生利用各单元状语从句的知识,尽可能说出完整的句子。选择说的句子内容要尽量与人物描写结合起来。以第五单元的部分内容为例,列举相关句子如下:

It always gives us something new because the musicians make up the music while playing.

Daniel decided to play the violin at the art festival as he is good at it.

Since the art festival is open to all students and parents, everyone is welcome.

**Step 3:Reading**

紧扣译林版《英语》九上第四、五、六、七单元中关于人物描写的阅读材料，要求学生围绕写作任务的要求快速浏览已经学习过的相关文章，找出含状语从句引导词的完整句子。以第六单元的部分内容为例，列举相关句子如下：

<u>If you are a football fan</u>, you will not want to miss this week's programme.

Write down your answers and send text messages to 1396 <u>while watching the show.</u>

You will not find out the answer <u>until the very end.</u>

The situation will continue <u>unless humans stop hunting them for their fur and their bones.</u>

**Step 4：Translating**

利用译林版《英语》九上第四、五、六、七单元的写作范文与习作，根据人物写作及运用相关语法知识的任务要求，设计一组体现任务内容和相关语法的句子，要求学生进行汉英翻译。这样，既能帮助学生熟悉人物写作的内容、相关语法知识，又能巧妙地间接促进学生思考写作内容的基本结构。以第七单元的部分内容为例，列举相关中文翻译句子如下：

1. 人物基本信息

我最喜爱的电影明星是Jackie Chen，<u>因为他在全世界都很知名</u>……

2. 人物职业生涯

<u>自从他成为一个演员</u>，已经出演了近100部影片，并获得了许多奖项……

3. 人物的作品特点

这些电影包含<u>如此多的幽默和精彩的功夫动作，以至于全世界的人们认为他是中国功夫超级明星</u>……

4. 人物的慈善事业

<u>虽然</u>他一直忙于电影表演，<u>但是</u>他没有忘记要帮助别人并于1988年设立了Jackie Chen慈善基金……

♦ **案例反思** ♦

依托教学活动任务，适度整合教材既有的程式化的教学方法，既可以对重难点任务进行有效的突破，对教材内容进行一次集中复习回顾，又可以在新任务确定的新情境中学习如何应用知识和技能，弥补教材的模块、章、节、板块等客观上对知识、技能体系造成割裂的缺憾，帮助学生在一个任务中整合尽可能多的知识、技能，通过使用语言知识和技能巩固、提高语言应用能力。因此，对教学方法进行相应的调整，对教师、学生、学科教学都有裨益。

1. 助力教师的专业成长

在整合教材内容的过程中调整教学方法，也是对教师教学思想的更新。教材中的教学方法和策略不可能满足所有学生的学习需要，教材既定的教学安排与教学进度、学生实际水平、具体教学任务设置之间必然存在不一致的情况。这就对英语教师的专业水平提出了更高要求，要求英语教师不仅要充分实施教材资源，还要适时调整教材内容和教学方法以满足教学实际的需要。教师要有效地整合教材方法和策略资源，首先应该了解教材的内容设置、进度安排、可能的教学方法等，分析教材资源与教学目标之间的关系。其次，教师应该根据学生的语言水平、教学进度、任务特点等，主动对教材的内容、结构、顺序、教学方法等进行适当取舍和调整。整合教材资源的过程就是优化教师的知识结构的过程，教师可以因此而提升自己对课程目标、教学内容与方法、教材资源的认识水平。有效整合教材资源是促进英语教师专业成长的一条行之有效的途径。

2. 激发学生的学习兴趣

在任务的引导下整合教材内容和教学方法，既基于教材又高于教材常规，既立足学生实际又对学生的发展提出新的要求，因此能够激发学生主动参与、主动探究、主动合作、勇于实践，提高学生获取新知识、分析和解决问题以及交流合作的能力。教师和学生共同整合英语教材资源，改变教材刻板的内容呈现顺序，使英语教材资源由静变动。学生从被动的接受教材内容转变为根据语言表达的需要选择、重组教材内容,这必然激发学生语言探究及实践的兴趣。最好的学习是自我学习,自我学习的根本动力在于兴趣。

3. 满足学科教学需要

语言是应用性的交际工具,需要学习者根据交际需要及时、恰当地运用。然而,仅仅按部就班地使用教材,依靠教材所提供的有限、刻板的语言输入和语言实践练习,是不能培养合格的二语实践者的,是无法完成《课标》所提出的中学英语教学的各项目标和要求的。另外,学生的个性差异、教学任务的独特性、教学进度的客观需要等,也要求教师个性化、灵活地处理教材,调整教材使用策略。因此,整合教材内容和选取恰当的教学方法,可以帮助教师完成特定的教学任务、使英语教材"活"起来,真正满足学生学习的需要。

**参考文献**

程晓堂,孙晓慧.2011.英语教材分析与设计[M].北京:外语教学与研究出版社.

## 细节 19

# 关于互动形式

**细节阐述**

互动是指相对独立的学习个体在学习过程中互相促进、互相推动。互动不仅是学习活动中一种人际关系的反映,也是一种实践活动的形式。互动是传递信息、理解信息、加工信息的过程。课堂教学是动态的,是教师与学生、学生与学生、教学任务与课堂活动之间相互作用的结果(薛中梁,2000)。课堂活动的互动模式是影响课堂组织的重要因素之一。理想的课堂互动应该具备多维互动、合作共享、体验创造等特质。教师应该根据学习内容而采用互动形式,无论哪种互动形式,都应该满足学生动脑、动手、动口的需求。英语是一门语言学科,在英语课堂中没有课堂互动,就未发生或不存在教学,因为学生的语言、合作、思维等能力是在互动的过程中得到发展的。

随着新课程的改革和交际法的倡导,广大英语教师注重采用不同的互动模式,同时也暴露出一些问题。例如:由过去的"满堂灌"变为"满堂问",教师在课堂中设置许多问题,学生成了回答问题的机器;对学生的回答一律持肯定和赞扬的态度,师生互动是表面的、浅层的,不是有效的师生互动;教学内容过多,留给学生思考和消化的时间很少,学生只是用"Yes"或者"No"机械地回答问题;小组讨论合作分组不合理、分工不明确、任务不恰当、评价不及时。

互动形式是否得当、运作是否合理等决定着学生参与的程度,直接影响课堂组织的效果。如何提高英语课堂互动效率需要我们进一步实践和探索。

## 一、教师、学生互动

在英语课堂教学活动中，教师与学生的问答、交流和互动都是组织课堂教学的重要方式。教师和学生通过问答来达到交流知识的目的，这是教师和学生相互作用的过程，对于活跃课堂教学、促进教师与学生之间的交流具有积极作用（罗娟，2013）。

➢• 典型案例 •⋖

本案例是某教师教授译林版《英语》七上 Unit 2 的语法的一个片段。教学内容是一般现在时。之前已经完成了两个环节：一般现在时的肯定句构成和动词第三人称单数的变化规则。下面的环节是学习一般现在时的否定句形式。

1. T：Good. Now, we have finished Task 1 and Task 2. Let's move to Task 3.

2. T：From Part A, we know Millie likes playing volleyball. Do you like playing volleyball?

S1：No. I... I...（教师慢慢地提醒）I don't like playing volleyball.（学生完整说了一遍）

T：Good! What do you like?

S1：I like tennis.

T：You don't like playing volleyball. You like tennis.（转向全班）She doesn't like playing volleyball. What does she like?

Ss：She likes tennis.

（教师继续以这样的互动方式练习一般现在时的否定句形式）

T：Kitty dances very well. Do you dance very well?

Amy goes swimming every week. Do you go swimming every week?

Simon often plays football. Do you play football?

Daniel sometimes watches ball games on TV. Do you often watch ball games on TV?

（从学生的回答中选择两个否定句写在黑板上）

3. T：Now, let's sum up the rules.（板书句型）

I/You/They do not/don't like . . . .

He/She/It does not/doesn't like . . . .

4. T：Talk with your partner and report to us like this：

I like . . . . But my partner doesn't like . . . .

5. T：Wow! All of you did a good job. You have known a lot about each other. But do you know what the Class 1 Grade 7 students like doing? Now, look at the table on P24 and answer my questions.

♦ 案例反思 ♦

上述案例中的师生互动氛围融洽，既有教师与个体学生的互动，也有教师与全班学生的交流。教师在前面任务的基础上，通过谈论爱好呈现、操练、运用、评价要学的语言项目，教师发挥了支持、指导、帮助的作用。在第一个学生回答有困难时，教师故意慢慢地说一遍，其实这就是为学生呈现新的语言知识，为学生感知和模仿新内容提供了支持；教师与第一位学生的对话也为后面的操练提供了示范。教师能及时作出评价和反馈。互动基于学生已有的知识和经验，符合学生的认知特点和实际语言水平。

有效的师生互动能使师生共同参与、相互作用，能够创造性地实现教学目标，提高课堂效率，达成教学的最优化。师生互动要注意以下几个方面：

1. 创设和谐的氛围

和谐的氛围为有效的师生互动提供保障。教师应该充分了解学生不同的学习经历、学习水平和学习风格，尊重学生的个体特点，充分发掘学生的不同潜能，与学生建立真诚、理解、信任的关系，因材施教，鼓励创新，为学生提供更加广阔的思维空间和自主发展空间（教育部，2012）。在互动中，教师要给学生充分的时间发表意见，允许学生发表不同意见，允许不同的学生发表意见；要平等对待每一位学生，创设宽容和谐的互动氛围；要使每一位同学有所感、有所知、有所议、有所获，确保学生全员互动、全程互动和有效互动。

2. 围绕目标互动

教学过程中的师生互动是为了实现教学目标，有了目标，师生互动就不会只流于形式。目标能使互动过程有序化。在此基础上的师生互动，才能产生效果。在实现目标的过程中，师生往往能超越预期目标，产生新的问题，对问题的理解更加深入、全面，更能体现师生互动的有效性。

3. 注重提问技巧

课堂教学中，教师要注重提问的技巧。提问要清晰得当、要紧扣教学目标、要因人施问、要能够开启学生的思维、要给学生思考的时间并要有一定的梯度。有效互动的提问重在引导，要避免大量的一问一答和一问齐答，这会造成互动范围小、学习被动或互动失真。

4. 扩大参与广度

师生互动时，教师要面对全班学生，主动的和不主动的学生都应该给予回答问题的机会；一般是先发问再点名回答；要随意提问学生，不要总是按同一种顺序提问；要尽可能避免让几个学生主宰课堂；提问时，不要着教案；要给学生留有准备答案和提问的时间(王笃勤，2002)。

## 二、小组范围互动

目前，在英语教学中，广大教师积极采用小组互动的方式。但是，不少教师不能恰当地使用这一方式，致使小组合作学习没有成为一种有效的学习方式，而是成了传统教学方法的点缀。

### ➤· 典型案例 ·◀

在教学中，小组合作存在以下几个现象：

**现象1：小组合作学习泛滥化**

在教译林版《英语》九上 Unit 8 的 Reading 时，某教师在处理相关生词后,让学生小组合作讨论:Who was murdered? 学生呼啦一下分成小组叽叽喳喳1分钟。老师说"Stop",学生即刻停下来。

**现象2:小组合作学习形式化**

教学内容是译林版《英语》七上 Unit 6 的 Reading 板块 Down the rabbit hole。教师在读后阶段设计了讨论题:If you were Alice, how could you go through the door? 学生小组讨论热情高,但是,学生讨论了1分钟时间,教师就喊停。

**现象3:小组合作学习自由化**

译林版《英语》初中教材在每个模块后面设置一个语言实践型课题(Project),让学生综合运用在前面几个单元中所学的语言知识、语言技能及学习技巧完成一个合作任务,旨在引导学生自主探究、合作学习,提高他们的口笔头交际能力、动手能力、创新能力和合作精神,能用英语"做事"。

下面是某位教师执教译林版《英语》八上的 Project 1 的做法。本课的任务是为七年级新生制作关于学校信息的册子。这一板块由两部分组成。第一部分是计划和准备阶段,第二部分是要求学生小组合作,策划并制作学校信息册子,目的是让学生在做中学英语。教师用了20分钟处理完第一部分,然后说:Now we have collected lots of information and photos about our school for the booklet. It's your turn. Work in groups and develop your own booklets. I'll ask each group to present your booklet. 学生呼啦围成小组,拿剪刀的,拿胶水的,拿水彩笔的……整个就是一堂手工制作课,在此过程中,全是中文交流,且不少学生无事可做。在离下课还有5分钟时,教师让每组学生展示作品,每组派一个学生将他们的作品贴在黑板上,然后教师问哪组最好,学生起哄声不断。

◆ **案例反思** ◆

**现象1:** 这篇阅读文章的标题 "25-year-old computer engineer murdered" 已经给出了答案。在不少英语课堂上,我们会发现这种为了合作而合作的现象。在阅读教学中,有些问题不需要合作学习学生就能在文中找到答案,就能自己弄明白,教师也弄个小组合作学习,好像一有问题都只有让学生合作探讨才能解决一样。结果先找到答案的告诉那些没有找到答案或者速度慢的学生,使那些学生失去了自己阅读快速捕捉信息过程的机会,这样的教与学就有脱节现象。久而久之,学生就有一种依赖性,不利于培养学生的独立学习能力和自主学习习惯。

**现象2**:现象2中的阅读语篇是童话故事《爱丽丝漫游仙境》的片段,学生很感兴趣。教师设计了很好的讨论题,目的在于让学生续写故事结局,训练想象力和创造力,巩固英语知识,发展语言技能,从而提高实际语言运用能力,但是教师没有给学生足够的合作讨论的时间,教师担心听课老师觉得乏味,担心讨论时间长了,后面的任务不能完成,当学生积极性正高、劲头十足的时候,便中断了学生的合作讨论。很明显,讨论并没有结束,所谓的小组讨论成了一种流于形式走过场的点缀,根本谈不上实效性,相反会挫伤学生的积极性,让学生产生失落感。

**现象3**:在现象3中,教师是根据教材要求设计合作任务的,然而,教师对学生分工、展示要求不到位,对于学生合作过程中使用中文的情况没有制止,也没有给予英语表达方面的帮助。课堂像大卖场,热闹非凡,却失去了语言教学的本质,导致了低效甚至无效的课堂教学。此类课堂表面上看气氛活跃,学生学习积极性高,体现了以学生为主体的教学思想,实际上是一种合作自由化的现象,教师没有发挥指导作用,这种合作是没有实效性的。如果教师要求学生用英语表达"你向学弟学妹介绍了学校哪几个方面的信息","通过什么方法展示你们的信息"等,那就真正实现了"在做中学英语"的目的了。

在中学英语课堂教学中采用小组互动形式时要注意以下几个方面:

### 1. 转换角色意识

新课程对教师的角色意识做了要求:由单纯的知识传授者、教材复制者转变为学生学习的引导者、促进者、组织者。实施小组合作学习,并不意味着教师无所作为,而是向教师提出了更高的要求,教师的"穿针引线"、"起承转合"、点拨作用以及临场应变、即兴发挥的能力至关重要。在采用小组互动形式时,教师要避免两种倾向:一是对小组合作学习的过程控制过多,使合作学习难以顺利进行;二是对小组合作学习的过程控制过少,使合作学习流于形式。教师要在教学过程中亲历各组,分别给予有效指导和点拨,使各组学习效果、质量得到保证。教师要对小组合作学习提出明确要求,观察了解各小组合作学习的情况,对于不认真参与合作学习的个人或小组要及时引导,让合作学习顺利进行;对于因为思维受阻而不能深入合作学习的小组要帮助排除困难;对于只停留在浅层次表面化而忽略深层次探究学习的小组要引导深化;对于那些有创意的小组要及时肯定并加以鼓励。总之,教师一定要从教学环节的点点滴滴的"小事"改变自己的传统意识,不断提醒自己要转变角色意识,把课堂还给学生,创设民主和谐的教学氛围,由走近学生、走近新课程深化到走进学生、走进新课程,从而真正建立起相互帮助相互交流的学习共同体。

2. 合理构建合作小组

构建合理的合作小组对于保证合作学习顺利进行是相当重要的。教师要根据教学内容和学生的实际情况选择适当的分组。构建小组时应尽量做到平衡,要考虑到性别、性格、英语学习成绩等方面,这对于合作与竞争极为重要。有竞争就有矛盾,这需要教师及时发现与解决。另外,小组要动静结合,一段时间后(一般4周),要重新组建,以便学生有更广阔的合作空间。另外还需要注意的问题是:座位空间的安排要使教师能够方便靠近每个小组,对合作学习进行及时的指导与监控;要使小组成员能够相互靠近,从而使他们能够在不打扰其他小组的情况下进行有效的交流。

3. 及时评价反馈

恰当的评价和反馈机制在小组合作学习中起着重要作用,因为每个人都希望得到别人的认可和称赞。因此,教师要根据每次活动设计出评价方式,引导学生自我评价、相互评价、小组评价或全员评价。把个人之间的竞争变为小组之间的竞争,把个人得分计入小组得分,把小组总体成绩作为评价的依据,这样既提高了学生在小组学习中的主动性和积极性,同时也培养了学生的团队合作精神和与他人合作交流的能力,小组合作学习的意义已经超越了英语语言学习本身,还将为学生今后的工作奠定基础。例如:某英语教师在教译林版《英语》七上 Unit 7 的 Reading 时,布置了根据不同的情境表演对话的任务。教师设计了如下自我评价表和小组评价表。

| Self-assessment form（自我评价表）： I can go shopping in English ||||| 
|---|---|---|---|---|
| correctly（正确）★ | fluently（流利）★ | clearly（清晰）★ | loudly（大声）★ | vividly（生动）★ |
|  |  |  |  |  |

Result：Wonderful! _____ Good! _____ Not bad! _____
I need to worker harder at _____.

| Group-assessment form（小组评价表）：They can act out the conversation |||||||
|---|---|---|---|---|---|---|
| Actors | correctly（正确）★ | fluently（流利）★ | clearly（清晰）★ | loudly（大声）★ | vividly（生动）★ | Result |
| Group 1 |  |  |  |  |  |  |
| Group 2 |  |  |  |  |  |  |
| Group 3 |  |  |  |  |  |  |
| Group 4 |  |  |  |  |  |  |
| Group 5 |  |  |  |  |  |  |
| …… |  |  |  |  |  |  |

根据以上评价表的得分,全班最后评出不同类型的最佳小组,激励所有小组成员积极参与,提高效率。

## 三、同伴之间互动

同伴互动形式是指两人小组活动即 pair work。在平时的英语教学中,教师较多地采用同伴互动形式,特别是在处理教材中的对话材料时,教师一般先是让同伴练习书上的对话,然后要求同伴口头编写、表演对话。目前,越来越多的教师在初中作文教学过程中采用同伴反馈形式,目的在于让学生在互改过程中共同提高写作能力。

## 典型案例

本案例是教师在学生完成作文初稿后采用同伴反馈的做法。教学内容是译林版《英语》八下 Unit 4 的 Task 板块。本节课的教学目标是:学生能够模仿教材范文,自主创作一篇题为"My reading habits"的英语短文。

**Step 1:解释标准**

教师分发写作评分标准,标准如下:

| | |
|---|---|
| 1. One idea per paragraph | 1' |
| 2. Creative ideas and more details about one's reading habits | 3' |
| 3. Variety of sentence structures | 2' |
| 4. Use transitions to connect the ideas | 1' |
| 5. Accurate use of grammar, spelling, punctuation and case matters | 3' |

**Step 2:教师示范**

教师以一个学生的作文为样本,借助多媒体示范如何根据评分标准批改同伴作文。

**Step 3:同伴互改**

学生按照写作评分标准以及教师要求批改同伴作文。

**Step 4:同伴反馈**

一位学生用多媒体展示同伴作文并依据评分标准进行评价和反馈。教师对该学生的表现及其同伴的作文做出自己的评价。

**Step 5:同伴交流**

教师要求同伴彼此交流修改理由、存在的亮点。

**Step 6:自我完善**

各人在同伴互改、反馈、交流的基础上进行自我修改完善。

**Step 7：同伴推荐**

交换修改后的作文,同伴再次阅读、批改,并向全班推荐自己认为值得大家学习的同伴作文。

◆ 案例反思 ◆

上述案例中,教师在写作反馈阶段,充分采用同伴反馈形式,鼓励学生通过参与、实践、交流、合作、推荐等,提高语言运用能力。在同伴互改前,教师做了示范,提出了明确要求;在同伴评改过程中,教师不仅为学生的有效互动提供足够的修改时间和交流时间,还通过评价、巡视等方式鼓励和帮助学生进行同伴反馈;活动后,教师还通过同伴推荐方式及时恰当地评价学生的学习过程和结果。在整个过程中,学生不仅是成果的呈现者和汇报者,还是评价者和欣赏者。(张利琴,2013)

在同伴活动中教师应尽可能地避免将两个成绩较差的学生组成对子,他们会因为自身水平的原因而无法完成任务。教师也要注意不愿与人互动的学生,有的可能是因为自己成绩好有优越感,有的可能是因为成绩差而自卑,有的可能是性格原因,教师要关注这些情况,并及时做好沟通工作,尽可能避免冷落某个学生。

**参考文献**

薛中梁.2000.薛中梁谈英语课堂教学[M].武汉:湖北教育出版社.

罗娟.2013.对高中英语课堂沉默现象的探讨[J].中小学外语教学·中学篇(1):21—25.

中华人民共和国教育部.2012.义务教育英语课程标准(2011年版)[M].北京:北京师范大学出版社.

王笃勤.2002.5(2014.4重印).英语教学策略论[M].北京:外语教学与研究出版社.

张利琴.2013.提高过程写作教学中同伴反馈有效性的思考[J].中小学外语教学(8):7—12.

## 细节 20

# 关于课程资源

> ● 细节阐述 ●

对于课程资源的概念目前没有一个统一的定义。"课程资源也称教学资源,就是课程与教学信息的来源,或者指一切对课程和教学有用的物质和人力。"(张廷凯,2003)"课程资源是指形成课程的因素来源与必要而直接的实施条件,有广义和狭义之分,广义的课程资源指有利于实现课程目标的各种因素,狭义的课程资源仅指形成课程的直接因素来源。"(吴刚平,2001)从课程活动的关系角度看,"课程资源是指可能进入课程活动,直接成为课程活动内容或支持课程活动进行的物质和非物质的一切"(范兆雄,2002)。从影响课程的要素来看,"课程资源是课程设计、实施和评价等整个课程编制过程中可资利用的一切人力、物力以及自然资源的总和"(徐继存,2002)。课程资源是服务于课程设计、实施、评价等教学活动过程的人力、物力及其他客观资源的综合,包括教材与教参、教师与学生、家长与学校、家庭和社区等一切促进课程目标实现、促进教师专业提升、学生全面发展的所有资源的总和。

《课标》对教材以外的课程资源有具体的说明。《课标》在"课程资源开发与利用建议"中认为:"英语课程资源包括英语教材以及有利于发展学生综合语言运用能力的其他教学材料、支持系统和教学环境等,如音像资料、直观教具和实物、多媒体软件、广播影视节目、网络资源、报纸杂志以及图书馆、班级、学校教学设施和教学环境创设等等。此外,课程资源还包括人的资源,如学生资源、教师资源和家长资源。他们的生活经历、情感体验和知识结构都可以成为宝贵的课程资源。合理开发、积极利用和有效管理各种课程资源是提高教学质量的重要基础。"

课程资源不仅是指教材资源,同时,不是所有的资源都是课程资源。一方面,教育教学活动中可以开发利用的课程资源是无限的;另一方面,只有与课程目标、与教学活动紧密联系的资源才是有效的课程资源。合理开发、选择、使用教材之外的课程资源,服务于课程目标和教学活动,才是体现课程资源观的应有之义。

## 一、拓展课程资源

教材之外的课程资源也是英语课程资源的组成部分,是实现英语课程目标的工具之一,应该能够体现教学大纲和课程标准所要求的教学目的、教学目标、教学内容;同时,教材之外的课程资源应该能够渗透教学大纲和课程标准所提倡的教学理念与教学方法。

教材之外的课程资源应该契合学生已有的语言能力水平和学习需要。教材之外的课程资源内容丰富、形式多样,为学生学习语言知识、发展语言技能提供了大量的语言实践活动和训练,为英语教学的组织和实施提供了便捷有效的语言载体。合理开发、选择、使用教材之外的课程资源,要充分考虑学生已有的语言能力水平、年龄阶段和学习需要。

### ▶•典型案例•◀

结合单元话题同步拓展课程资源,既能满足学生的学习需要,又不会增加学习负担。译林版《英语》七下 Unit 5 Amazing things,介绍了许多 Fun facts,以下为教材中的一段对话:

Kitty: Do you know any fun facts about the world, Amy?

Amy: Yes. The Sun is about 1,300,000 times larger than the Earth.

Kitty: That's interesting! What about fish, Amy?

Amy: Fish sleep with their eyes open.

Kitty: Oh, really?

Amy: Yes. Isn't that amazing?

学生通过对话学习了语言知识、交流了信息，同时了解了世界上的许多奇妙的事情。在学生产生浓厚的学习兴趣的时候，教师紧扣单元话题，适度引入难度适中、与教材相关的语言材料等课程资源，必然能够满足学生的好奇心，迎合学生的学习需求。例如，教师在这一教学环节可以及时插问：Can you tell me why people can float on the Dead Sea? 同时呈现一段关于死海的简短语篇给学生阅读。

在学生读完小短文后，教师可以鼓励学生结合短文内容，重新组织一段对话。这样既紧扣教学任务和单元主题，又加深了学生对教材之外的课程资源的了解，巩固了语言知识和技能。例如：

Kitty: Do you know any fun facts about the world, Amy?

Amy: Yes. People can float on the Dead Sea like a sailboat or fishing bobber, but fish can not live in it.

Kitty: That's interesting! Can you tell me the reason, Amy?

Amy: Because there is too much salt in the Dead Sea.

Kitty: Oh, really amazing! Is the Dead Sea dangerous to people?

Amy: No. Too much salt helps people float in the water. Isn't that amazing?

♦ 案例反思 ♦

Krashen二语习得的输入假设理论认为，语言学习材料的难度应稍高于学习者目前已掌握的语言知识，即"i＋1"理论，强调语言素材的可理解性。(其中 i 表示学习者当前的语言知识状态，1 表示稍高于学习者当前语言知识与语言能力的内容。)如果语言材料的难度远远高于学生的现有水平，或者低于或接近于学生的现有水平，就无法实现语言的习得。同时，输入的语言材料应该是有趣的，与目前学习的任务内容有高度的相关性。在符合"i＋1"理论的前提下，语言学习必须要有一定的语言输入量。

因此,开发和利用教材之外的课程资源,应该遵循这样一些原则:① 多样性原则。根据教学内容和活动任务的需要,适当选取各种类型和形式的课程资源,作为对教材内容的补充和拓展,在此基础上尽可能地合理使用教材之外的课程资源。② 适切性原则。课程资源的开发与利用既要能激发学生英语学习兴趣,又不能增加学生的学习负担。否则,就会降低学生的学习兴趣,影响教学目标的达成。③ 创造性原则。教材之外的英语课程资源是丰富多彩的,创造性地开发和使用课程资源,就要在紧扣教学目标的前提下,体现教师的教学风格和教学智慧,选择新颖有趣的教学资源,最大限度地调动学生的学习积极性,实现教学效益最大化。

## 二、对比使用其他版本的教材教学资源

课程资源也包括其他版本的教材。对比使用不同版本的教材内容,可以极大地节约选择教学资源的时间,实现不同版本教学资源的共享,提高教学资源与学生现有语言水平的适切性,丰富教学内容和教学过程。对比使用不同版本的教材资源,应该关注不同版本的教学级段一致,教学单元的话题相关,教学内容相近,教学活动互补,教学方法互通。

### ▶• 典型案例 •◀

译林版《英语》八上 Unit 4 主题为"Do it yourself",节选该单元中"How to make cards"教学活动为例:

Activity 1: Cut out pieces of card with a pair of scissors.

Activity 2: Write some words or a sentence on each card.

Activity 3: Draw a picture about the words or sentence on the other side of the card.

Activity 4: Look at the picture and try to say what is on the other side.

Please don't give up. Keep trying and you will find you can remember things better.

通过这一教学环节，学生需要掌握如何选用合适的动词以发出明确的指令，将语法、词汇学习巧妙地融汇到"Do it yourself"相关的技能活动中。此时教师如果引入人教版《英语》八上 Unit 7 How do you make a banana milk shake? 相关的教材教学资源，既能紧扣教学目标与学习任务，在教学行为上又经济适切。以下是人教版"How do you make a banana milk shake?"的相关教材内容节选：

**节选 1：选择动词完成句子并排序**

Picture 5：(Turn on) the blender.

Picture 2：(Cut up) the bananas.

Picture 6：(Drink) the milk shake.

Picture 4：(Pour) the milk into the blender.

Picture 3：(Put) the bananas and ice-cream into the blender.

Picture 1：(Peel) three bananas.

**节选 2：选择时间性副词并联句成篇**

A：How do you make fruit salad?

B：First cut up three bananas, three apples and a watermelon. Next put the fruit in a bowl. Then put in two teaspoons of honey and a cup of yogurt. Finally mix them all up.

◆ 案例反思 ◆

在此教学环节中，译林版教材和人教版教材教学内容安排、活动任务设置、教学方法等方面都互融互通，都要求选择合适的动词使句子完整，学习如何发出指令，在学习中领会"Do it yourself"相关的生活方式与生活态度。同时，两种教学资源在任务安排、技能目标、语言特色上实现了不同版本的互补。一方面，两种教材在词汇学习与应用上实现了互补；另一方面，人教版教材增加了按时间先后给句子排序的要求，同时引导使用时间性副词联句成篇以培养学生的篇章逻辑能力。

《课标》是课程改革的出发点和依据，为编写教材指明了方向。全国目前有多个版本的英语教材，如外研社版、北师大版、人教版、上教版、译林版等。这些版本的教材都依据《课标》进行编写，体现了《课标》

所要求的教学目的、语言知识和技能目标、情感态度和学习策略目标、教学理念和方法及课程评价等。结合单元话题和教学进度,教师可以综合不同版本的英语教材,从中挑选出具有共同文化、内容、知识、技能活动、方法等元素的语言素材,整合成系列教学资源,并进行对比运用。这样做好处有三:其一,提升了教师的课程资源开发利用的意识,把经济有效地使用课程资源的行为提到了课程高度,有利于形成校本课程教学资源体系;其二,保证了大量难度相当的语言素材的输入和适切的活动安排设计,在完成基本教学任务的同时,为学生提供了更多的机会比较学习语言和及时操练;其三,提升了教师的专业素养和研究能力。

## 三、关注网络资源

开发利用网络资源是新课程改革的重要内容。随着信息技术和互联网的迅猛发展,语言学习的方式和途径发生了巨大的变化,出现了丰富多彩的课程资源。其中,网络资源在教学中的重要作用体现在它独有的超强交互性、高信息含量、活动空间虚拟性等多个特征,网络资源重新改写了语言学习的模式、重新定义了"学习"和"结果",为语言学习提供了主题开放、内容全面、素材丰富的课程资源。

### ➤ 典型案例 ◄

译林版《英语》八上 Unit 2 School life,简要地介绍了英、美两所学校的一些情况。教材部分内容节选如下:

**Life in a British school**

Hi, everybody.

My name is Nancy. I am in Year 8 at Woodland School near London. It is a mixed school. Boys and girls have lessons together. Among all my subjects, I like French best. Learning foreign languages is fun.

Our school has a Reading Week every year. During the week, we can borrow more books from the school library. We can also bring in books and magazines from home. I often read more books than my classmates. Near the end of the week, we discuss the books with our classmates in class. Time seems to go faster when we are reading interesting books.

  这一阅读材料的难度与学生的二语语言水平一致,但是,对单元话题"School life"的英美学校文化背景知识的介绍极其有限,不能满足初中生的认知需求。教师通过选择利用网络课程资源,可以极大地满足学生对英美等国校园生活实际状况的认知需要,激发学生学习的兴趣。教师可以利用一些英美校园网址,让学生真切地了解英美国家中学生的作息时间、交通方式、选科指导、学业指导、校园状况、师生交流、家校联系、社团活动等,以开阔学生的视野,渗透文化教学。例如:通过http://www.ivybank.lancs.sch.uk/,学生可以了解许多英国中学生的校园生活状况:

| | Ivy Bank High School Burnley U. K. |
|---|---|
| | Your Guide<br>All about our school, its aims, direction, prospectus and results |
| | Students<br>Find links particularly useful for students |
| | Parents<br>Links, facts and help from around the world |
| | Teachers<br>Everything you need to make it work for you |
| | Subject & Homework Help<br>Find every link you need for homework help, or research |

打开学校网址首页中的每个栏目,学生可以浏览相关话题的具体内容,并可以与教师进行实时交流,学生在了解异域文化生活的同时,增加了语言学习的机会和语言输入量。

◆ 案例反思 ◆

利用网络课程资源进行英语教学,最大的特点在于促进了教学方式的改变。

首先,由教师控制的学习转变为由学生控制的差别化主动式学习,为实现个别化教学提供了教学途径和教学资源。学生可以根据自己的兴趣爱好、任务需求和学习风格来索取网络信息资源,决定学习途径,选择自己的认知环境,可以实现以学生为中心的控制式的语言输入,学生可以选择学习的内容、控制自己的学习数量、控制自己的学习速度、选择语言输入内容的呈现方式。

其次,可以实现系统探究式学习。网络资源的网状结构特征、交互性界面特点,能够引导学生更多地关注整体,而不仅仅是知识信息的某个方面。网络虚拟语言环境让学生独立选择、随时参与、形成个体语言输入环境,这种系统探究式学习,有利于学生的创造性学习能力的培养及全面素质的提高。

再次,可以开展多元的学习活动。网络资源提供了多元的信息表达方式,如声音、图像、文本、动画等,它包含了虚拟与真实、具体与抽象的语言学习活动,使学习、练习、应用、评价活动融为一体,为学生提供了最接近真实交际状态的语言学习环境,从而为学生进行多元的学习活动提供了保障。

## 四、关注隐性课程资源

隐性课程资源包含生成性课程资源和反思性课程资源。在教学过程中,教师或学生受教学氛围和环境的激发,在面对教学问题情境时突发奇想,这些属于生成性课程资源;教师对教学行为进行反思和评价,积累和提炼更加经济有效的教学设计、解决问题的方法等,这些属于反思性课程资源。

## 典型案例

译林版《英语》八下 Unit 6 的 Grammar 板块的教学内容为：学习基本句型"It is ＋ adj. ＋ to-$infinitive$"，同时学习、区分相似句型1"It is ＋ adj. ＋ for... ＋ to-$infinitive$"和相似句型2"It is ＋ adj. ＋ of... ＋ to-$infinitive$"。教师在完成教学后，对教学效果感到不满意，对教学过程进行反思后，决定在另一个班级的教学中采用以下的教学环节和步骤：

### 教学片段一

在激趣活动之后，教师通过评价性语言自然地使用新授课的基本功能句型结构，并将一组评价性语句呈现出来，突出对行为的评价。

T：Now I list a group of sentences for you to judge which part should be stressed.

> Sentence 1：It is amazing to read sentences with stress.
> Sentence 2：it is important to grasp the function of using stress.
> Sentence 3：It is necessary to know when to use stress.
> Sentence 4：...

T：Who would like to read the sentences with stress? Volunteers?

S1：...

S2：...

T：So it is **necessary for you** to know the importance of stress, and it is **important for us** to find out what to stress. It is **useful for students** to grasp the function of stress in learning grammar.（教师有意识地重读黑体部分的"$adj.$ ＋ for..."，在看似不经意之间强调某人做某事的感受）。

### 教学片段二

将教学片段一的承上启下的结语展示给学生后，教师通过重读核心信息，在交际情境中认知、归纳相似句型1，并让学生进一步感知该句型的语用功能：谈论某人做某事的感受。

> Sentence 1：It is necessary for you to know the importance of stress.
> Sentence 2：It is important for us to find out what to stress.
> Sentence 3：It is useful for students to grasp the function of stress in learning grammar.
> ……

教师因势利导，通过评价学生的学习表现，引出了相似句型2，使学生明白句型的语用功能：评价某人的行为。

T：It is **great of you** to complete the dialogue. It is **wise of you** to stress the right part of the sentence and it is **diligent of you** to grasp the structure in such a short time. It is necessary for me to give you something new to learn.（教师有意识地重读黑体部分的"adj. + of..."，在看似不经意之间强调评价学生的行为；同时提供相似句型1与之对照，以唤起学生初步对比的意识）

**教学片段三**

教师呈现对学生表现的评价结语如下：

> Sentence 1：It is great of you to complete the dialogue.
> Sentence 2：It is wise of you to stress the right part of the sentence.
> Sentence 3：It is diligent of you to grasp the structure in such a short time.
> ……

◆ **案例反思** ◆

第一节课后，教师通过学习、反思认识到：在听、读活动中，重音、重读等语音技能可以帮助学生定位核心信息，将说话者的意图、情感和交际目的与情境结合起来，感性地理解语法概念。说话者的停顿及语气和语调的变化都能帮助学习者进行准确的'断句'；说话者的语气、语调的变化还可以帮助学习者把握说话内容的重点（程晓堂、郑敏，2002）。因此，在第二节课，教师将重音、重读技能活动贯穿于整个教学过程中，通过创设情境、小组合作探究发现、教师引领等方法让学生学习句型，区分相似结构，体悟功能情境；在交际情境中观察、归纳语言结构规律，辨别、解释相似结构的功能差异和核心信息，认识重音、重读是理解语言及其功能的桥梁之一,做一个更好的说话者和听话者。这样的教学处理收到了很好的教学效果。教学—反思—创新—实践的过程,就是积累和完善隐形课程资源的过程。在课程实践和教学活动中,教师所面对的是一个个活生生的,有着不同生活经验、丰富情感和个性差异的学生。教师总是身处频繁切换的课程和教学情境之中,而任何高明的教师在课程实施和教学活动开展之前都无法精准预测将发生哪些课程和教学情境。可见,在充满变化的课程实施与教学活动中,随时都可能生成教师意料以外的课程和教学事件(李小红,2009)。

### 参考文献

张廷凯. 2003. 新课程设计的变革[M]. 北京:人民教育出版社.

范兆雄. 2002. 课程资源概论[M]. 北京:中国社会科学出版社.

徐继存,等. 2002. 论课程资源及其开发与利用[J]. 学科教育(2):1—5,26

中华人民共和国教育部. 2012. 义务教育英语课程标准(2011年版)[M]. 北京:北京师范大学出版社.

曹伦华,章学锋. 2008. 高中英语教学中跨文化意识的渗透和培养[J]. 基础英语教育(10):34—38.

李小红. 2009. 教师与课程:创生的视角[M]. 桂林:广西师范大学出版社.

程晓堂,郑敏. 2002. 英语学习策略:从理论到实践[M]. 北京:外语教学与研究出版社.

关刚平. 2001. 课程资源的理论构想[J]. 教育研究(9):59—63,71.

# 附录

# 课堂实录及点评

## （一）译林版《英语》七年级上册 Unit 1 Comic strip & Welcome to the unit 课堂教学实录及解读和点评

T：Hello, boys and girls. Today we are going to meet a new friend. What is it?

Ss：A dog.

T：Do you want to know its name?

Ss：Yes.

T：You can ask him by yourself. Who wants to have a try? Good. You please.

S1：What is your name?

Eddie：My name is Eddie.

T：We can use "What is your name?" to ask for a stranger's name. We can use "My name is..." or "I am..." to answer. Attention, please. We can use "What's" and "I'm" for short.

T：Look at Eddie, is he happy today?

Ss：Yes.

T：He is happy. Because... he has got a present today. What's the present?

Ss：A dog.

## 【解读和点评】

Welcome to the unit 板块是译林版《英语》初中教材每个单元话题的导入部分,其作用是激活学生与单元话题相关的已有内存,激发学生进一步探究学习本单元内容的欲望。每个单元的这一板块都由一组漫画导入,通过漫画人物 Eddie 和 Hobo 生动有趣的对话导入本单元的话题内容。初中英语教学伊始,充分运用漫画激发学生的兴趣,可以引导学生快速了解并进入单元话题内容。

T:Eddie is a real dog, and his present is an e-dog. So, Eddie will be the master of the e-dog. Do you know "master"?

(*Introduce the meaning of the new word "master"*)

T:Do you want to know the name of the e-dog?

Ss:Yes.

T:Let's listen to the tape and tell me the name of the e-dog, OK?

Ss:OK. (*Listen and catch*)

T:Have you got it?

Ss:Yes.

T:What's the name of the e-dog?

S1:Its name is Hobo.

T:Well done! Now, please open your book, turn to Page 6, read the comic strip and tell me:Will Eddie be Hobo's master?

S2:No.

T:How do you know?

S2:Because Hobo asks Eddie to read a book.

T:What's the name of the book?

S3:*How to look after your e-dog*.

T:Great! What's the difference between Picture 1 and Picture 4?

S4:In Picture 1, Eddie thinks Hobo is looking after him, but in Picture 4 Eddie is looking after Hobo.

T: Funny dogs, right? In this book, we will know more interesting stories between Eddie and Hobo. Let's enjoy our English trip with Eddie and Hobo, OK?

Ss: OK!

### 【解读和点评】

在这一教学环节中,教师充分运用了漫画问题情境,在漫画问题情境中激发了学生进入单元话题和参与语言活动的积极性。漫画问题情境能够激发学生的学习兴趣,调动学生的积极性和主动性,使学生敢想、敢说、敢问、敢做,勇于表现自己,充分发挥出自己的潜能。

T: Boys and girls, let's meet some new friends in Beijing Sunshine Secondary School. Here they are!

T: This is Amy! Say hello to Amy, please!

Ss: Hello, Amy!

T: This is Simon. Let's greet Simon.

Ss: Hi, Simon!

...

T: Now, read their dialogue on Part A Page 7, and tell me: When do they meet? In the morning, in the afternoon or in the evening?

Ss: In the morning.

T: How do you know?

Ss: Because Amy says "Good morning".

T: Great! When we meet in the morning, we should say "Good morning" to greet each other. How about in the afternoon?

Ss: Good afternoon.

T: That's it! Good afternoon. What shall we say when we meet in the evening?

Ss: Good evening!

T: Right! Good evening. Please finish Part B on Page 7.

## 【解读和点评】

学生进入了新的学校,遇到了新的同学,他们渴望认识新同学,也渴望把自己介绍给他人。教师运用这样的语用环境,将其和课堂教学内容(相互介绍和问候)有机地结合了起来,实现了在语用环境中呈现语言知识,在语用过程中提升语用能力。

T: Now, please close your books. Millie meets one of her classmates on her way home. Listen to their dialogue and find out who is Millie greeting.

Ss: Sandy.

T: Please open your book, read their dialogue loudly; then try to tell me how we can greet each other.

S1: Hello. Hi.

S2: Good morning. Good afternoon. Good evening.

T: If we don't know his or her name, we can ask...

S3: What is your name?

T: We can answer...

S4: My name is... or I am...

T: If we meet each other for the first time, and we want to show our joy, we can say...

S5: Nice to meet you!

T: If I say "Nice to meet you", what should you say to me?

S6: Nice to meet you too.

T: Do you know some other ways to greet others?

Ss: ...

T: It's the first time we meet each other, and would you please greet each other following Millie and Sandy's dialogue with the help of the sentences?

Ss: OK!

T: Let's work in pairs.

T：Which pair wants to have a try?

（学生表演）

T：It's our first English class and I'm really glad to know you all. Do you want to know more friends in our class?

Ss：Yes.

T：Well, now you can get off your seat and go around the classroom to know more friends. Please remember, greet them in English and if you get one new friend's name, please ask him or her to sign it in the form on your exercise sheet. Let's see who can get the most friends in the end. OK?

Ss：OK!

T：So, let's move!

（学生之间相互练习）

【解读和点评】

教师在此环节开展"Knowing more friends"活动，引导学生进行了更为广泛深入的语言活动，且这样的语言活动与教学内容相关，与学生认知相符，与学生情趣相融。这样的课堂语言活动使得整个课堂教学环环相扣又层层递进，实现了课堂教学的高效运行。

T：Homework for today：

1. Get to know more friends and greet each other in English; add more names on your list.

2. Prepare a short self-introduction.

(二) 译林版《英语》八年级上册 Unit 8 Reading 课堂教学实录及解读和点评

T：Yesterday we talked a lot about natural disasters. What natural disasters do you know? Can you name some of them?

Ss：Big storm, lightning, flood, earthquake...

T：In your opinion, what is the most dangerous kind of natural disasters?

Ss：Earthquake.

T：Yes, I think so. Now let's watch a video.

(学生观看有关地震的视频)

T：What can you see in the video?

S1：I can see some houses shaking.

S2：I can see some people screaming in fear.

S3：I can see some people running wildly in all directions.

S4：I can see some people trapped under the bricks and stones.

(教师 PPT 展现单词：trap, brick, stone, shake, scream, in fear, wildly, in all directions)

T：Let's read the new words. Now, let's do B1 to see how much you know about these words.

## 【解读和点评】

通过观看视频激活学生已有的与话题内容相关的知识内存,导入文本阅读。这样的阅读导入既有利于学生快速进入文本内容,降低阅读难度,也有利于在话题语境中呈现文本中的生词,使得词汇教学不枯燥单调。

T：Earthquake is a terrible natural disaster. Do you know about the Taiwan Earthquake in 1999? This is what we are going to learn today. Now let's go through the text quickly and then I'll ask you some questions.

(学生快速阅读文本)

T：Did Timmy give up or try his best to survive when he was in danger during the earthquake?

S1：He tried his best to survive.

T：How many paragraphs are there in this passage?

S2：5 paragraphs.

T：How many parts do you want to divide them into?

S3：3 parts.

T: How do you divide the passage and what is the main idea of each part?

S3: Part 1 (Para. 1—2) is about what Timmy saw, heard and felt in the earthquake.

Part 2 (Para. 3—4) is about how Timmy was trapped in the earthquake.

Part 3 (Para. 5) is about how Timmy was saved in the earthquake.

T: Good! Now let's do detailed reading and find some specific information of the text. Please read the first part, that is Para. 1—2, and try to fill in the form on the handout.

(学生阅读并摘录相关内容,后订正)

T: Read Para. 3—4 carefully and underline all the verbs in this part to see what Timmy did after he was trapped.

S4: He said to himself.

S5: He told himself to calm down.

S6: He shouted for help.

S7: He started to pull himself slowly through the dark.

T: Yes. Let's read the last paragraph, please. Then try to describe how other people saved Timmy.

S8: They quickly moved away the bricks.

T: Now, I'm sure you have got a lot about Timmy's story. Let me see how much you have got it. First, let's do Ex. B 3 on Page 96. Write a T if a sentence is true or an F if it is false.

(完成并订正练习)

T: Look at B2 on Page 95. According to the story, are the pictures in the right order?

Ss: No.

T: Can you put them in the right order?

Ss: Yes.

S9：A is "The earth started to shake."

S10：B is "Some people ran out of the building."

S11：C is "The walls came down."

S12：D is "I was trapped."

S13：E is "I screamed for help."

S14：F is "I saw the bright daylight."

T：Yes. Now the pictures are in the correct order.

## 【解读和点评】

很显然,教师使用的是自上而下的语篇整体教学。语篇整体教学总的原则是,先总后分,从理顺语篇的逻辑关系入手,进而深入理解文本内容。这样的阅读教学以培养学生整体理解能力为出发点,从整体语篇入手,设计阅读活动。教学过程中,教师通过问题的设计,让学生逐层递进走进文本,由段落内容的划分,到Timmy被困后的具体自救活动,再到地震后场景及事件的先后顺序排列,让学生在语篇阅读的过程中调动已有的图式知识,发现文本表达的内在逻辑关系,加强了对学生预测和证明能力的培养,提高了学生总体阅读能力。自上而下的语篇整体教学中经常采用的做法有:归纳大意、寻找主题句、连句成段、根据题目设问、确定标题等。

T：Now Sandy is writing the story in her diary. Can you help her to complete it?

Ss：Yes.

T：Let's do Ex B4 on Page 96 to help Sandy complete her diary entry with the words in the box.

T：You see, how lucky Timmy is! He survived the earthquake. The journalist from a TV station wants to interview him. Suppose one is the journalist and the other is Timmy, make an interview according to the text, please.

(*Two groups of students show their interviews*)

T：Timmy was quite smart and brave! He saved himself. What

shall we do if we are in earthquakes? Let's discuss in groups how to save ourselves in earthquakes. Suppose there is an earthquake here and you have no time to run out, what will you do to save yourself?

T：Could you tell us which actions are useful in earthquakes?

S1：Tell yourself to calm down.

S2：Don't be nervous!

S3：Shout for help.

S4：Try to move yourself.

S5：Make a noise to show where you are.

S6：Wait for people coming.

……

T：Yes. No matter what terrible disasters you're facing, never give up easily.

## 【解读和点评】

可以把这一阶段的活动理解为阅读后(post-reading)的活动。这一阶段的活动常常通过口头或书面的形式要求学生完成与文本内容相关而又有所拓展变化的任务。教学中,教师引导学生 helping Sandy complete her diary 后,又设计了一个采访活动,在此基础上还要求学生讨论如果遇到地震如何自救。这样的活动可加深学生对文本的理解,也有利于将文本中的语言知识内化为语言能力,还能够有助于学生从文本阅读走进现实生活,提升学生综合语言运用能力。

T：Homework for today：

1. Surf the Internet and try to learn more about other disasters and what we can do to save ourselves.

2. Read the text aloud according to the tape.

（三）译林版《英语》七年级下册 Unit 6　Reading 课堂教学实录及解读和点评

T：Do you like reading stories?

Ss：Yes.

T：Have you read any of fairy tales?

Ss：Yes.

T：Me too. Among them *Alice in Wonderland* is my favourite story. Have you heard of this story?

Ss：Yes.

T："Down the rabbit hole" is the beginning of *Alice in Wonderland*. When you read the story, what do you want to know? When I read the story, I want to know who jumped down the hole. What is your question?

S1：When did the story happen?

S2：Who jumped down the hole?

S3：Where did the story happen?

S4：How did they jump down the hole?

S5：What happened to Alice at the end of the story?

T：Now let's read the story and find out the answers to your questions.

（学生阅读文本故事）

【解读和点评】

这是一篇儿童文学作品的阅读教学。童话作品以故事内容和情节的荒诞离奇，以及其神秘性、假定性、趣味性吸引儿童，童话的幻想性和强烈的游戏精神满足了儿童的审美心理和审美情趣的需求。阅读伊始，教师就基于标题"Down the rabbit hole"，和学生共同预测故事的主要元素 who, what, when, where, why, how 等。预测可以激活学生的思维，让学生展开丰富的想象，同时也可以调动学生到文本中寻求答案，验证自己的想象是否与文本一致的积极性。

T：Please tell me your answers to your questions.

S1：The story happened on one sunny day.

S2：The white rabbit jumped down the hole.

S3：After the rabbit Alice jumped down the hole.

S4: The story happened by the river and in the rabbit hole.

S5: Alice couldn't go through the door because she was too big.

T: Good! Now we know the time, place and characters. But do you know what happened by the river? Let's move to Paragraph 1 and find the answers to the questions.

1. Who sat by the river?

2. What happened to Alice?

（学生阅读第一小节）

S6: Alice and her sister sat by the river.

S7: Alice saw a rabbit.

T: Is there anything special about the rabbit?

S8: He was in a coat.

S9: He had a watch and could read the time.

S10: Yes. He could speak.

T: What did the rabbit say?

S11: Oh, dear! I'll be late.

T: If you see such a rabbit, how will you feel?

S12: I'll be surprised.

S13: I can't believe my eyes.

T: And what will you do? Let's have a discussion.

S14: We'll run after the rabbit.

S15: We'll talk with him.

T: Yes. What did Alice think of the rabbit?

S16: How amazing the rabbit was!

T: Why did Alice think it was an amazing rabbit? What could the rabbit do? Do you remember?

S17: It could speak. It could read a watch.

T: What did Alice do when she saw the amazing rabbit? Let's move on to Paragraph 3 and find her actions.

S18: She ran after the rabbit.

S19: She jumped down the hole.

T: Why did Alice jump down the hole?

S20: Because she didn't want to let the rabbit run away.

T: What kind of girl was Alice?

S21: She was a curious girl.

S22: She was a brave girl.

T: If you were Alice, would you jump down the hole or not? And why?

(学生小组讨论)

## 【解读和点评】

教师这儿提出的假设和后面的几个假设一起有效地让学生成为阅读的主人翁。由于这些假设，对于展现在面前的童话故事，学生已不仅仅是局外的观望者了，他们会把自己放在故事主人翁的位置上，设身处地地去感受Alice的所想、所做、所体验。这样的假设使得学生参与非常积极，思维非常活跃，答案多元且富有个性。这些答案不是文本的简单再现，而是学生带着自己的思考，在阅读过程中体验着童话故事中主人翁的情感的有感而发。这样的阅读，就比较真实地让学生在自我体验中和故事主人翁一起走进了文本。

S1: I'll jump down the hole because I like the rabbit very much.

S2: No. I think it is very dangerous.

S3: I'll jump down the hole too. I want to know more about the rabbit.

T: So let's follow Alice down the hole. Something amazing is waiting for us.

T: Let's read the sentence: "Down, down, down. Alice fell for a long time, and then she hit the ground. She found herself alone in a long, low hall."

(学生朗读)

T: How do you know Alice fell for a long time? Can you see the key words?

S4: "Down, down, down".

T: Did Alice see the rabbit?

S5: No.

T: How do you know it?

S6: She found herself alone in a long, low hall.

### 【解读和点评】

教师向学生提出"How do you know Alice fell for a long time?"的问题,学生在回答这个问题的过程中,就会很自然地去文本中寻求,找出"Down, down, down. Alice fell for a long time, and then she hit the ground. She found herself alone in a long, low hall."字里行间的意思。读出童话故事的字里行间的意思能够引领学生走向更为深入、更为有意思和有意义的阅读,这需要教师有意识的引领。

T: If you were Alice, how would you feel in the long, low hall?

S1: I'll be afraid.

S2: I'll cry.

S3: I'll try to find a door to go out.

T: How did Alice feel? What did Alice want to do? What did Alice do to try to get out of the hall? Let's read Paragraphs 4 and 5 and tell me the answer.

S4: Alice wanted to enter the lovely garden.

T: What did Alice first see in the long, low hall?

S5: She saw a small key.

S6: She saw lots of doors and wanted to open the doors but the doors were all locked.

T: What did she do with the small key?

S7: Alice put the small key to the doors.

T: Were the doors opened?

S8: It didn't fit any door.

T：How did Alice feel at that time?

S9：She felt unlucky.

T：What did Alice notice?

S10：A small door and she put the key into it. The door opened.

T：What did Alice see?

S11：A lovely garden. Alice felt very lucky.

T：What did Alice do after she saw the lovely garden?

S12：She wanted to go out through the door but the door was too small.

T：If you were Alice, how could you go through the door?

（学生讨论）

S13：We'll get smaller and smaller and go through the door.

S14：We'll make the door bigger.

T：Good! If you write a new story, I'll be your first reader. Now let's read the text after PPT and find your favourite sentences.

（学生朗读自己喜欢的句子）

【解读和点评】

  教师通过让学生寻找自己最喜欢的句子，引导学生直抒己见，寻找、发现语言之美；通过让学生比较"Which do you like better? 'Down, down, down' or 'Alice jumped down. Alice jumped down. Alice jumped down'?"引导学生辨析，提高鉴赏能力；再用"Why?"引发学生进一步思考。这样使得学生既发现了语言之美，又享受了语言之美。

T：When I finished reading the story, I had so many questions. I wondered what the rabbit was late for.

S1：Maybe he was late for a party.

S2：Maybe he was late for a meeting.

S3：Maybe he was late for school.

T：Do you have such questions? Let's do group work. First each group asks at least one question that interests you most. And write them on the color paper. Let's go.

（小组展示提出的问题）

T：Which question is the most interesting?

S4：Where is Alice's sister?

S5：What did Alice see in the lovely garden?

T：Who can answer it?

S6：Many flowers and trees.

S7：Other amazing animals.

T：The lovely garden, wonderland, a new world, is waiting for Alice and waiting for you! Do you want to find more amazing stories? Let's go on reading.

【解读和点评】

在享受语言之美的同时，教师再引导学生跟随文本内容展开想象，激发学生的好奇心，发展学生的想象能力，让学生产生强烈的进一步阅读和表达的兴趣。

T：Homework for today：

1. Try to tell the story in your own words.

2. Read *Alice in Wonderland* if you want to know what happened to Alice later on.

（四）译林版《英语》八年级下册 Unit 6  Grammar 课堂教学实录及解读和点评

T：Good morning, boys and girls!

Ss：Good morning, Miss Wu.

T：Before class, let's enjoy a funny video called "A helpful cloud".

(*Play the video*)

T：OK. Is it funny?

Ss：Yes.

T：Would you like to be a helpful person?

Ss：Yes.

T：As a student, what can you do to help others?

S1：I can give money to the people in need.

T：We can also say "donate money to sb.".

(PPT 呈现新单词 donate)

S2：I can donate blood.

(PPT 呈现新单词 blood)

T：What else can we do to be helpful? We can join in some organizations or charities to help people.

(PPT 呈现新单词 organization 和 charity)

T：Look at this picture. Who are they?

Ss：Volunteers.

T：Yes. And these days, there are lots of volunteers in Yangzhou. Do you know why?

Ss：马拉松！

T：Yes, it's Yangzhou Jianzhen International Half-Marathon. It took place on the 20th of April.

(PPT 呈现鉴真马拉松的图片和文字)

## 【解读和点评】

语法教学课伊始，教师就在 video，picture 和师生语言交流所创设的语境中开展了语言互动，这样的互动既为进入后面的语境做好了准备，也在语用过程中较为自然地呈现了生词；既强化了词汇的表意和运用，也在语言情境中开展了有效的语言互动。

T：What do you think of this activity? You can use some adjectives to describe it.

Ss：Great, important…

T：And what do you think of these athletes?

Ss：Confident, brave…

T: Do you want to know more about this match? Look at this picture. Who are they? And what are they doing?

Ss: They are volunteers and they are helping others.

T: Yes, so we can say "They work as volunteers". And I think it is meaningful. So we can say …

Ss: It's meaningful to work as volunteers.

T: OK, now, let's read these sentences again. And then try to work out the rules.

Ss: The rule is "It is + $adj.$ + $to$-$infinitive$".

T: You are so clever. Now our friend Amy wants to help others, too. Look at these pictures on P84. What is Amy doing?

Ss: She is helping others.

T: Please use the proper words to make some sentences.

（学生做练习，并集体订正）

**【解读和点评】**

Grammar板块的教学是在学生对该语法知识有了一定的感性认识后的再学习，在对已有语法知识的进行归纳的同时，进一步提升学生运用该语法知识的能力。这样的语法现象（"It is + $adj.$ + $to$-$infinitive$"）学生在以前的学习过程中已经有所接触，教师通过引导学生在语境中的逐层运用使其更为清晰突显，这样的语法教学给予了学生语法为语用服务、语法并不枯燥无味的明显感觉。

T: Look at these pictures again. Think about a question. Who is helping people in need?

Ss: Amy.

T: Right, so we can say …

Ss: To help others is meaningful for Amy.

T: And we can also say …

Ss: It is meaningful for Amy to help others.

T: Look at these sentences. Here we should add …

Ss: For Amy.

T: Good job.

T: Now let's try to work out the rule.

Ss: "It is + *adj.* + for... + to-*infinitive*."

T: We can add "for someone" to specify who we are talking about. And we can also say "To do sth. is + *adj.* + for sb.". And in this sentence pattern, we can use some adjectives like "necessary, important, difficult..."

T: Amy is asking Simon for help now. Simon is a volunteer. Please help them complete their dialogue.

(PPT 呈现 Amy 和 Simon 的对话练习)

T: Now if you are a reporter of Yangzhou Jianzhen International Half-Marathon, what will you write for it? I will offer you some useful adjectives and verbs. Use "It is + *adj.* +for... +to do sth." to make sentences as many as you can.

Ss: It is difficult for these athletes to win the competition.

...

T: Well done. Now think about a question. What qualities do athletes have?

Ss: Brave, confident, strong...

T: Good, so we can say...

Ss: It is brave/confident/strong... of athletes to win the competition.

...

(PPT 呈现几个句型中 for 转换成 of 的范例)

T: Let's work out the rule.

S: "It is + *adj.* + of... + to-*infinitive*".

T: We can use "It is + *adj.* + of... + to-*infinitive*" to express what we think of someone's actions. And we can also say "sb. +be + *adj.* +to do sth.". In this sentence pattern, we can use some adjectives like "brave, careless, clever..."

（PPT 呈现总结的句型规则）

T: As we all know, we can do so many things to help others. But sometimes we may do some bad things to others. Look at these pictures. Then tell me whether they are good or bad. The first picture, it's...

Ss: Bad.

T: So we can say...

Ss: It is careless of the boy to leave the tap running.

...

T: We have learnt two sentence patterns now. "It is + $adj.$ + for sb. + to do sth." and "It is + $adj.$ + of sb. + to do sth.". Can you find out the difference between them?

S1: We can use "for someone" to specify who we are talking about. We can use "of someone" to specify what we think of someone's actions.

T: Anything else?

S2: We can also say "To do sth. is + $adj.$ + for sb." and "sb. + be + $adj.$ + to do sth.".

## 【解读和点评】

"观察—发现—讨论—归纳—巩固—运用"是目前语法教学的常用模式。即：观察语言表达中这类语言现象的形式；发现这种语言的结构和意义；讨论、归纳出这种语法现象的结构特征和使用规则；开展巩固操练和实际运用类的语言活动。教师在上述教学过程中基本运用了这样的语法教学模式。这样的语法教学模式依据人们对语言的认知规律，正确处理了语言形式、语言意义和语言功能三者之间的关系。教师通过一系列的语言活动，使得学生明确了"It is + $adj.$ + for sb. + to do sth."和"It is + $adj.$ + of sb. + to do sth."这两个句型的表意和语法规则。在此过程中，学生有效地将语言知识、语法规则内化为了语言表达能力。

T: Today's homework:

1. Suppose you are a volunteer of the Home for the Elderly, try to make five sentences using these three sentence structures to ask your friends to help the elderly.

2. Finish the exercises on the exercise books.

### (五) 译林版《英语》七年级上册 Unit 1　Integrated skills 课堂教学实录及解读和点评

T: Boys and girls! Who is he?

(*Show a profile about Sun Yang to introduce the new words*)

Ss: Sun Yang.

T: Do you like him? Do you want to know more about him? Let's have a look at this profile.

(*Show some photos that were taken when Sun Yang was just a kid, and some others of his cute looks*)

T: What do you thinks of him? Is he lovely? We also can say he is cute.

(*Explain the new words*)

T: Do you know what he likes doing in his free time?

Ss: Singing.

T: Yes, he likes singing and he also sings very well. So singing is his hobby.

(*Teach the new word "hobby"*)

T: That's all for Sun Yang's profile. Here are the profiles of Millie's friends—Amy and Kitty. What's wrong with the two profiles? Some of the information is uncertain, right?

T: Luckily, I have two articles about Amy and Kitty. Would you please read and circle the right information in the table?

Ss: (*Read and circle*)

T: We still haven't finished the table, right? Is there any information we still don't know?

Ss: Yes.

T: What is it?

Ss: We don't know Kitty's age.

T: Well, if we want to get the whole information, we must listen to the tape. What key words shall we pay attention to while listening? Take Kitty's age for example.

Ss: Kitty, age, ... years old.

## 【解读和点评】

Integrated skills 板块偏重于发展学生的听、说能力,通过听、说能力的训练,促进学生综合技能的全面发展。教师通过语言交谈、图片、录音等形式引导学生进入了话题语境,为学生做好听的心理准备,也激发了学生参与听的活动的积极性。与此同时,教师在"听"前帮助学生做好了相关语言知识的准备,在语境中学习了相关词汇,使学生了解熟悉了相关的词语和语言知识,这样,确保了"听"这一语言输入活动的有效性。

T: That's it! I think now we are ready to listen to the tape. Are you ready? I will play it twice. Listen to the conversation and complete the rest of the table.

T: Do you need to listen to it once more?

Ss: Yes.

T: Let's check!

(*Play the tape again if the students do it wrong; repeat it if necessary*)

T: Millie is writing a note about her two friends. Please help her to complete it.

(学生完成 A3 on Page 14)

T: Let's listen to the tape again and check your answers. Ready?

Ss: Yes.

T: Next. Would you please talk with Kitty about her two

friends? Please work in pairs, one ask questions and the other one pretend to be Kitty to answer the questions. You can follow the examples on the blackboard.

(*Present an example on the blackboard*)

S1: How old is...?

S2: She is...

S1: Is her hair...?

S2: Yes/No,...

Ss: (*Work in pairs*)

### 【解读和点评】

发展学生"听"的能力需要不断训练,也需要渗透给学生"听"的策略,听力策略的渗透应该内含于听力活动之中。教师通过分层要求、重复听音,让学生实施有选择的听力训练,提高捕捉主要信息、关键信息和所需信息的能力。学生在反复的听前预测和听后校对的过程中有效地训练了"听"的能力,同时,也学会了恰当地运用听力策略。这样的训练也为后面"说"的练习做好了铺垫。

T: Here comes another new friend—Andy. He is Millie's cousin. Do you know which grade he is in? Let's listen to the tape and find it out.

(*Listen to the conversation in Part B*)

Ss: Andy is in Grade 8.

T: Yes. You've got it. Now let's find out the useful expressions in Part B when introducing a new friend to others.

T: Millie is introducing Andy to her classmates, right?

Ss: Yes.

T: Would you please find out the useful expressions in the dialogue when introducing and greeting new friends? You can underline the sentences; you can also think of some other useful expressions, and then tell us your useful expressions.

S1: Hi, ...

S2: This is ...

S3: Glad to meet you.

S4: Are you in...?

S5: Oh, I see.

T: Would you please introduce your new friend to your friends? Work in groups of three, just use the useful expressions to help you.

（小组讨论）

【解读和点评】

输入先于输出，教师应在"听"的基础上，发展学生"说"的能力。介绍他人和问候他人有相对固定和程式化的语言表达，将这些表达突显出来可以降低"说"的难度，也可以使学生的口头表达更为准确。教师通过教材语境的变化和语言使用的转换，让学生模仿教材内容，并辅以小组间的交流训练，为学生的"说"做了充分的铺垫。这样的"说"难度不大，学生有得说，也说得出。

T: I'd like you to work in pairs. Ready? You should work together to finish the profiles of Jay Chou and Yao Ming.

T: Now please read the article on your paper and finish his profile.

(*Each student reads a different article, one is about Jay Chou and the other is about Yao Ming; then finishes the profile individually*)

T: Finished? But you still have one unfinished, right? If you want to complete it, you need your partner's help. Please talk with each other with the help of the useful expressions on the blackboard. Remember, don't look at each other's information. Don't forget to write down the information you got.

Ss: OK.

Ss: (*Talk with each other to exchange the information without looking at each other's paper*)

T：Now. Let's make a report about the two stars.

（学生口头展示）

【解读和点评】

最后的语言活动设计，是对以上课堂活动的总结，也对学生提出了更高的听说要求。在此阶段，教师设计了学生感兴趣的语境（有关周杰伦、姚明的信息），通过小组讨论、模拟对话、复述或转述"听"的内容等活动，在模拟真实的语言运用过程中，有效促进了学生将"听"的内容内化为自己的语言运用能力，实现提升学生综合运用语言能力的目的。

T：Well done. Homework for today：

1. Make a profile about your best friend in your primary school.

2. Write something about him or her and introduce him or her to others.

## （六）译林版《英语》七年级上册 Unit 5 Study skills 课堂教学实录及解读和点评

T：I'm your new teacher. Do you want to know something about me?

Ss：Yes.

T：You should listen and judge. I'll tell you something about me. If you think it is true, you should say "Yeah, Yeah, Yeah". If you think it is false, say "No, No, No". Now I should show you my Name Card.

（PPT 显示教师个人信息）

T：Listen！My English name is Kelly.

Ss：Yeah, Yeah, Yeah.

T：My favourite colour is brown.

Ss：No, No, No.

T：I like jumping up and down.

Ss：Yeah, Yeah, Yeah.

T：I live in a big and beautiful house.

Ss：Yeah, Yeah, Yeah.

T：I can put a big apple in my mouth.

(PPT 呈现单词 br<u>ow</u>n，d<u>ow</u>n，h<u>ou</u>se，m<u>ou</u>th，画线部分为红色)

T：Now let's read the words, and tell me how to read the red letters.

Ss：/aʊ/.

(教师领读：/aʊ/)

T：/aʊ/ is a vowel. So today we'll learn some vowels.

### 【解读和点评】

教材 Study skills 板块随着年级的递进，较为系统地依次介绍了语音、字、词、句、章等方面的学习技能。七年级的 Study skills 板块主要是语音教学。本节课是借班上课，在导入过程中，教师通过和学生互动的形式，让学生了解了自己，也自然地进入了语音教学。

T：Let's look at the picture. What can you see in the picture?

Ss：A boy is playing football.

T：Can the boy play football outside? Let's listen. What did the boy say?

Ss：The boy says："I can't play football outside because it's raining. Wait for a moment."

T：Now here are four words for you.

(PPT 呈现单词 pl<u>ay</u>，s<u>ay</u>，w<u>ai</u>t，r<u>ai</u>n，画线部分为红色)

T：The red letters are pronounced /eɪ/. Now read after me：/eɪ/.

Ss：/eɪ/.

T：Now please do some exercise with me. Turn left, turn left. Turn right, turn right. Bend down, bend down. Jump, jump, jump.

T：Can you jump high?

Ss：Yes.

T：Look at the words "right" and "high". Can you give me some other words that have the same letters "igh" and have the same pronunciation?

Ss: Night, bright.

(PPT 呈现单词 r<u>igh</u>t, h<u>igh</u>, n<u>igh</u>t, br<u>igh</u>t, 画线部分为红色)

T: Can you read the red letters.

Ss: /aɪ/.

T: Read after me: /aɪ/.

T: Now let's enjoy anther picture. The boy has many toys. A toy bear is sitting on a toilet and reading a book. The bear enjoys the book a lot.

(PPT 呈现单词 b<u>oy</u>, t<u>oy</u>, t<u>oi</u>let, enj<u>oy</u>, 画线部分为红色)

T: Please tell me the pronunciation of the red letters.

Ss: /ɔɪ/.

## 【解读和点评】

单纯的语音教学往往单调枯燥。教师把语音教学和句子的表意与游戏活动有机地结合了起来。这样做的好处显而易见：一是教学活动丰富多彩，学生感兴趣；二是强化了语音的表意功能，学生会觉得语音对于整个英语学习作用很明显；三是引导学生关注了英语单词音、形之间的关系，有助于学生记忆单词。

T: The bear is reading a book on the toilet. So I think the book is so interesting. Do you want to read it?

Ss: Yes.

T: Now let's read the fun story. After reading you should find out the other four vowels.

(PPT 呈现: There are a lot of animals in the forest. A rabbit and a b<u>ear</u> are good friends. The rabbit with long <u>ear</u>s h<u>ear</u>s the Chinese New Y<u>ear</u> is getting n<u>ear</u>. The b<u>ear</u> with long h<u>air</u> w<u>ear</u>s a white T-shirt. Now she's putting on the socks on the ch<u>air</u>. They want to visit Alabama's farm by b<u>oa</u>t. They need to take the warm c<u>oa</u>t and the warm b<u>ow</u>l, because they kn<u>ow</u> it's cold there. Now they are sleeping. They're s<u>ure</u> the coming t<u>our</u> to Alabama's farm will be wonderful. 画线部分为红色)

T: Let's work in group and read the pronunciation of the red letters.

(PPT 呈现: ear, hear, year, near, /ɪə/; bear, wear, chair, hair, /eə/; bowl, know, boat, coat, /əʊ/; sure, tour, /ʊə/)

T: Please read the tip.

(PPT 呈现 tip: 双元音的发音是由前一个单元音滑动到后一个单元音的过程,在滑动过程中要有口型上的变化,这不同于单元音的发音)

T: Let's read after the tape. /eɪ/, /aɪ/, /ɔɪ/, /ɪə/, /eə/, /ʊə/, /aʊ/, /əʊ/.

T: Now let's read them together.

Ss: Play, say, wait, rain, /eɪ/;  high, light, night, right, /aɪ/;
boy, enjoy, toy, toilet, /ɔɪ/;  bowl, know, boat, coat, /əʊ/;
brown, down, house, mouth, /aʊ/;  ear, hear, near, year, /ɪə/;
bear, wear, chair, hair, /eə/.

## 【解读和点评】

学生喜欢阅读有趣的故事,教师把音标教学融入一个有趣的故事之中,并把单词中含有双元音的字母组合标注出来,引导学生在欣赏故事的过程中,关注其发音。学生在阅读故事的同时,也注意到了所标注单词的发音规律,自然也就强化了音标意识。在此基础上,学生就会投入极大的热情去朗读音标,练习自己的发音了。

T: Now let's finish the three tasks. Task 1: "Pick the apples for the party."(每一个苹果上有一个单词,找出单词中有相同读音的,放在同一个箩筐里)

T: Now let's read them again. Task 2: "Read the words as quickly as possible."(看到闪动的单词,快速起立,大声朗读)

T: Task 3: Read in groups of four.

1. Out of sight, out of mind.

2. There is no smoke without fire.

3. Put the brown toy bear on your chair.

4. Take the yellow coat when you go out.

5. We have great shows around the Chinese New Year.

T: Now let's choose one and read it in your group.

Group 1　Read after her/him. "There is no smoke without smoke."

Group 2　Pyramid reading: "We, We have, We have great shows, We have great shows around the Chinese New Year."

Group 3　Let's chant: "Out, sight. Out, mind. Out of sight, out of mind."

Group 4　Read together: "Put the brown toy bear on your chair. Take the yellow coat when you go out."

T: Now let's listen to the song and sing it after me.

This is /aɪ/, /aɪ/, /aɪ/, /aɪ/.

This is /eɪ/, /eɪ/, /eɪ/, /eɪ/.

/aɪ/ is for light, night.

/eɪ/ is for say, play.

I like to say good night.

And I like to play my light.

T: Sing it together.

T: Make a new song according to this.

This is /＿/, /＿/, /＿/, /＿/.

This is /＿/, /＿/, /＿/, /＿/.

/＿/ is for ＿, ＿.

/＿/ is for ＿, ＿.

I like to ＿＿＿＿＿.

And I like to ＿＿＿＿＿.

T: Please show us your new song. If you are interested in the new song, after class you can make more new songs like this. OK?

Ss：OK.

**【解读和点评】**

教师通过一组活动，再次训练、复习、巩固所学的双元音，有效地达成了本课的教学目标。这组活动具有这样几个特点：一是难度要求逐步递进，有利于全体学生共同发展；二是有明确的目标意识，所有活动都围绕几个双元音的教学展开；三是把单纯的音标操练融进了活动之中，学生愿学、乐学，同时也发展了综合运用语言的能力。

T：Homework for today：

1. Read the vowels on Page 65.

2. Make more new songs like that.

**（七）译林版《英语》八年级上册 Unit 2 Task 课堂教学实录及解读和点评**

T：As we all know, this unit is about school life. I happen to find a poem on the Internet. Let's enjoy it. Read it by yourself and find what the school in the poem is like.

(Ss read the poem)

T：Here are some questions for you.

1. What time do the students in the school get up?

2. Do they have much homework?

3. Do you like the school? Why not?

Ss：About 6 a. m. ; they have too much homework; I don't like it, because....

T：Each of you has an ideal school in your mind. Are you willing to share it with us? That's what we are going to do today. Please look at our learning aims.

1. Learn to decide on what to include in the article "My ideal school".

2. Learn to write a good paragraph first before working out a first draft individually.

## 【解读和点评】

小诗的主题与本单元话题相关，教师以小诗欣赏的方式导入，既调动了学生的学习兴趣，又自然地过渡到本节写作课的话题上来。教师接着直接呈现本课学习目标，使学生能有的放矢。

T: We have learned a lot about three schools in Reading and Integrated skills. They are Daniel's, John's and Nancy's schools. Here is a table with some information about the three schools. Read it and discuss with your partner and then tell us which school you like or dislike, and why. Here is a model for you. Practise in pairs.

(Ss practise their dialogues)

T: Do you think Daniel likes his school?

Ss: No, he doesn't like his school.

T: So he writes an article about his ideal school. Please open your books and turn to Page 36, read Daniel's ideal school and complete the rest of the form. When you read, just focus on the key words, such as number of the students, homework, uniforms, computer studies. When you find the answers please circle them. Let's go.

(Ss read and circle the answers)

T: Let's check the answers. Now we know something about Daniel's ideal school, but not too much. Read the article again and fill in the flow chart on your worksheet. If you write down the key words and phrases, you will be faster. Which one can be the first one?

(Ss fill in the flow chart)

T: Let me check how much you know about Daniel's ideal school. Any volunteers?

(Ss report about Daniel's ideal school)

【解读和点评】

　　学生阅读范文,找出相关信息并完成表格剩余部分内容;通过再读范文,完成范文的写作流程表,发现范文的写作框架结构一般包括作息时间、设施、学科、课外活动等。这些为接下来的学生写作在行文的框架结构方面奠定了基础。

　　T: You see Daniel's ideal school includes many different aspects, such as school time..., so our schools can also include these aspects. Now let's come back to our school. Our principal, Mr Lu, wants to learn more about what we like and dislike about our school. I will give you 2 minutes to read the questionnaire on Page 35 and write in your own answers.

　　(Ss write in the answers)

　　T: The questions in the questionnaire are about different aspects about school life. Can you match them correctly?

　　Ss: Yes.

　　T: These questions are about your real school, but what about your ideal schools? Now discuss in groups.

　　(Ss discuss in groups)

　　T: Please tell me what your ideal school is like.

　　(Ss say, and write down special aspects on the white board)

　　T: I hope you can choose to write about the most interesting aspect. Before you write I will give you some tips.

　　1. Use "I" or "we".

　　2. Use the Simple Present Tense.

　　3. You'd better tell your reasons.

　　T: Here is a model. This paragraph is from Reading and it is about Nancy's ideal club. I think it's a good example for you to follow. Now it's your turn to write only one aspect of your ideal school.

(Ss write)

T: Please show your writings.

T: These writings are about different aspects, and if we put them together, we will get a whole article about our ideal school.

## 【解读和点评】

对教材问卷中的问题进行分类解读,有助于学生构想自己要写的理想学校;利用头脑风暴形式,激励学生说出自己的写作计划和大家分享,有助于所有学生拓展写作思路;要求学生先书面表达理想学校的某个方面,有助于降低写作难度,同时也便于教师对单个段落的写作技巧进行指导。教师还从教材 Reading 部分摘录了一个段落作为范例提供给学生参考,自此,每个学生就想写、有内容写,也能够写了。再将学生写的几个片段融合在一起,学生就能明白描写理想学校的要点了。

T: Mr Lu wants to know what your ideal school is like. It's your turn to write him a letter describing your ideal school. The principal will take your advice and turn our school into your ideal one. Write about your ideal school.

(Two students show their letters)

T: This letter has 3 aspects about her ideal school. The first is about school time, the second is about taking turns to be the principal, and the third is about after-school activities. I think her ideas are very wonderful and cool. I like the second one best and her handwriting is beautiful and tidy.

T: Actually what I say is the answers to these questions.

1. How many aspects does the letter have?
2. What is each aspect about?
3. What do you think of his/her ideas?
4. How is his/her handwriting?

We can evaluate a letter through answering these questions.

T: I will ask another student to show his letter and another one to evaluate his letter.

T: This is your first draft, so I don't think it is so perfect. I hope you can self-edit your article and make it better. You all have a writing evaluation table on your worksheet. When you correct your article, the writing evaluation table can help you.

(展示写作评价表)

**【解读和点评】**

给出评价表便于学生在课后进行自评。很明显,本节课采用了"过程取向写作教学"模式,写前阶段,主要是激发学生的写作兴趣,激活学生已有的知识内存;初稿阶段,把学生的写作积极性落实到笔头写作的过程之中,并努力丰富学生的语言表达形式;修改阶段,强调学生自我评价和教师指导相结合。这样的写作教学能够促进学生在交流、探讨、解决问题、享受自我书面表达成果的过程中树立起英语写作的信心。

T: We've learnt how to write an article about our ideal school. We collected the ideas by completing a questionnaire and form a good structure from the articles in Reading and Main task.

T: Homework for today:

1. Self-edit your own writing according to the writing evaluation table.

2. After self-editing, revise your draft.

# 后 记

2014年仲夏,编写组承担了南京师范大学出版社《课堂教学的20个细节》丛书初中英语科编写任务,深切体悟到出版社从课堂教学的小处入手、力求使读者见微知著的初衷,隐隐感知到出版方"天下难事必作于易,天下大事必作于细"的良苦用心。由是,编写组成员倍感责任与信任,不敢稍有懈怠。

在体例设计上,我们力求贴近教学实际,关注初中英语学科教学的核心话题与理念。每一章节,首先直接引入教学中的主要问题或话题,对核心命题进行解释,使读者对相关概念有一个基本的认知;然后引导读者联系思考命题、概念与英语课程标准、课堂教学实践的相互关系以及可能引发的教学难点;再结合典型教学案例具体介绍相关理念、方法与技巧的使用策略;最后对每个教学案例进行反思与点评,试图与读者就相关教学问题或现象实现共鸣。

编写过程中,我们还兼顾了读者进一步学习研究的需要。本书各章节涉及许多学科术语、命题概念并进行适度解释,读者可以围绕这些学科术语、命题概念拓展阅读的广度与深度,力求有更全面和深刻的理解;编写组参考、引用了他人的部分研究成果,并以参考文献的形式在文末加以说明,这些文献资料聚焦于章节中的特定话题,是读者深入学习和研究的宝贵资源。

全书框架和体例由滕家庆设计。常万里、李福庆、冒晓飞、滕家庆、周雪晴具体负责各章节的编写工作。

本书是江苏省教育科学"十二五"规划重点课题"英语语言文化的认知理据及其在中学教学中的应用研究"(课题编号:B-b/2015/02/280)的研究成果;江苏省教师培训项目——扬州市乡村英语骨干教师培育站(研修主题为:基于语言认知理据的课堂教学细节研究)的研究成果。

滕家庆　李福庆

2016-6-22